21世纪普通高等教育规划教材·公共基础课系列

微观经济学学习指导

张 娥 主编

上海财经大学出版社

图书在版编目(CIP)数据

微观经济学学习指导/张娥主编. —上海：上海财经大学出版社，2015.9

(21世纪普通高等教育规划教材·公共基础课系列)

ISBN 978-7-5642-2220-8/F·2220

Ⅰ.①微… Ⅱ.①张… Ⅲ.①微观经济学-高等学校-教学参考资料- Ⅳ.①F016

中国版本图书馆CIP数据核字(2015)第175090号

□ 责任编辑 袁春玉
□ 封面设计 晨 宇

WEIGUAN JINGJIXUE XUEXI ZHIDAO
微观经济学学习指导
张 娥 主编

上海财经大学出版社出版发行
(上海市武东路321号乙 邮编200434)
网 址：http://www.sufep.com
电子邮箱：webmaster @ sufep.com
全国新华书店经销
同济大学印刷厂印刷
上海景条印刷有限公司装订
2015年9月第1版 2015年9月第1次印刷

787mm×1092mm 1/16 9印张 230千字
印数：0 001—4 000 定价：22.00元

21世纪普通高等教育规划教材

21 SHI JI PU TONG GAO DENG JIAO YU GUI HUA JIAO CAI

编委会

BIAN WEI HUI

前　言

本书在每章先简要地介绍本章的基本框架和主要内容，罗列出应该重点把握的知识点，按题目难度分为基础知识练习和自我提高测试两部分。本书题型多样化，主要分为选择题、判断题、简答题、分析说明题和计算题，基本覆盖了微观经济学的所有主要知识点。教师可以在教学过程中灵活配合基础知识练习部分帮助学生巩固基本知识点，学生课后可借助自我提高测试部分对本章知识点进行升级掌握。本书的亮点是加入了部分考研真题，让学生对考研题型有一个初步的了解，方便有深造需求的学生进一步掌握知识要点。

本书由张娥、马欢欢、王紫、汪天倩、刘容等几位老师编写，主要面向一般本科院校的“微观经济学”课程教学。由于时间仓促，编者水平有限，书中难免存在不足之处，恳请批评、指正。

编　者

2015 年 8 月

目　录

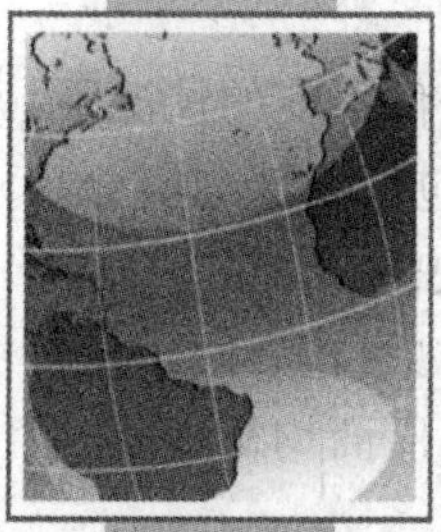

第一章 导 论

学习框架

导论
- 基本假设——理性人假设
- 经济学的定义——资源的稀缺性决定对其的使用面临选择
- 研究的基本问题——生产什么、生产多少、如何生产及分配
- 研究的方法
  - 规范分析与实证分析
  - 静态分析、比较静态分析和动态分析
  - 均衡分析和边际分析
- 微观经济学、宏观经济学的区别与联系
- 西方经济学的发展历程

学习摘要

1.经济学研究的是社会如何利用稀缺的资源以生产更多有价值的商品，并将它们有效地分配给不同的个人。稀缺是指相对稀缺，是相对于人的欲望而言的，而资源总是不足的。正是因为资源是稀缺的，人们才会思考如何更有效地利用稀缺的资源。因此，经济学就是关于如何进行选择的学科，只要有选择，就会产生机会成本。

2.为了解决稀缺资源与无限需要之间的矛盾，就必须寻求稀缺资源有效配置的机制或方案，这就构成了微观经济学的研究对象。生产什么、生产多少和如何生产的问题是基本的资源配置问题，而为谁生产的问题则会影响上述两个问题的解决，这三个问题都是各个经济体制必须解决的，只是解决的方式有所不同。

3.规范分析和实证分析。规范分析是从一定的社会价值判断标准出发，根据这些标准，对一个经济体系的运行进行评价，并进一步说明一个经济体系应当怎样运行，以及为此提出相应的经济政策。简言之，规范经济学回答了“应当是什么”的问题。实证分析研究实际经济体系是怎样运行的，它对经济行为做出有关的假设，根据假设分析和陈述经济行为及其后果，并试图对结论进行检验。简言之，实证经济学回答了“是什么”的问题。

4.静态分析一般是指通过假定自变量是已知和固定的来考察因变量达到均衡状态的条件和在均衡状态下的情况。比较静态分析是对变化前后自变量条件下的因变量进行比较，但不考察从原均衡状态到新均衡状态的变化过程。动态分析则是在引进时间变化序列的基础上，研究不同时点上的变量的相互作用在均衡状态的形成和变化过程中所起的作用，考察在时间变化过程中均衡状态的实际变化过程。

5.均衡指的是各个经济决策主体所做出的决策正好相容，并且在外界条件不变的情况下，每个人都不愿意再调整自己的决策，从而不再改变其经济行为。均衡分析包括局部均衡分析和一般均衡分析。在均衡状态下，当事人决策的最优化是通过边际分析实现的。

6.微观经济学以单个经济体(消费者、厂商及单个产品市场等)为研究对象，核心问题是价格问题。其主要内容包括价格理论、消费者行为理论、生产理论、成本理论、厂商均衡理论、收入分配理论、福利经济学及一般均衡理论等，采取个量分析的方法。

宏观经济学以整个国民经济活动为考察对象，研究社会总体经济问题以及相应的经济变量的总量是如何决定的及其相互关系，其中心和基础是总供给—总需求模型，具体包括总需求理论、总供给理论、失业和通货膨胀、经济周期与经济增长、开放经济及宏观经济政策等内容，采取总量分析的方法。

基本概念

稀缺　均衡　规范分析　机会成本　生产可能性边界

基础知识练习

一、选择题

1.当经济学家说人们是理性的，这是指(　　)。

A.人们不会做出错误的判断

B.人们总会从自己的角度做出最好的决策

C.人们根据完全的信息进行决策

D.人们不会为自己所做出的任何决策而后悔

2.资源的稀缺性是指(　　)。

A.资源的绝对数量的有限性

B.相对于人类社会的无穷欲望而言，资源总是不足的

C.生产某种物品所需资源的绝对数量的有限性

D.资源必须保留给下一代

3.经济物品是指(　　)。

A.有用的物品　　B.稀缺的物品

C.要花钱购买的物品　　D.有用且稀缺的物品

4.微观经济学的中心理论是(　　)。

A.价值理论　B.价格理论　C.生产理论　D.分配理论

5.根据研究对象的不同，经济学可分为(　　)。

A.实证经济学和规范经济学　　B.微观经济学和宏观经济学

C.西方经济学和政治经济学　　D.理论经济学和应用经济学

6.一国的生产可能性曲线上的点表示(　　)。

A.通货膨胀
B.失业或者资源没有被充分利用
C.该国可利用的资源减少及技术水平降低
D.社会使用既定的生产资源所能生产商品的最大组合
7.在开发区建造一个网球场的机会成本是（ ）。
A.由建网球场的费用决定 B.由劳动报酬决定
C.由用于其他用途可得的最高收入决定 D.由网球场的使用费用决定
8.微观经济学解决的问题是（ ）。
A.资源配置 B.资源利用
C.单个经济单位的经济行为 D.价格理论
9.下列不属于微观经济学研究对象的是（ ）。
A.彩电行业的价格决定
B.经济总体状况，如失业和通货膨胀问题
C.农产品市场上的供给与需求的相互作用
D.一家电冰箱企业的产量水平
10.宏观经济学的中心理论是（ ）。
A.失业与通货膨胀理论 B.经济周期与经济增长理论
C.价格理论 D.国民收入决定理论
11.作为经济学的一个分支，宏观经济学主要研究（ ）。
A.作为总体经济组成部分的个体的行为 B.经济总体状况，如失业和通货膨胀等
C.市场经济 D.单个消费者和企业的相互作用
12.其他条件不变，如果冰淇淋的价格上升，那么，需求量将会如何变化？对这个问题的回答属于（ ）。
A.静态均衡分析 B.比较静态均衡分析
C.动态分析 D.一般均衡分析
13.实证经济学与规范经济学的根本区别是（ ）。
A.研究方法不同 B.研究对象不同 C.研究范围不同 D.上述都是
14.经济学研究方法中的实证方法（ ）。
A.研究如何做出评价 B.对做出评价没有帮助
C.主要研究“是什么”的问题 D.主要研究“应该是什么”的问题
15.下列命题中，不属于实证经济学命题的是（ ）。
A.某国把贴现率定为10%
B.某国某年的失业率为9%
C.联邦所得税对中等收入家庭是不公平的
D.我国个人所得税起征点是2 000元
16.下列论述中属于规范方法的是（ ）。
A.由于收入水平低，大部分中国人还买不起小轿车
B.随着收入水平的提高，拥有小轿车的人越来越多
C.鼓励私人购买小轿车有利于促进我国汽车工业的发展
D.提倡轿车文明是盲目学习西方国家，不适合我国国情

二、判断题

1.如果社会不存在稀缺性,也就不会产生经济学。（ ）

2.在不同的经济体制下,资源配置和利用问题的解决方法是不同的。（ ）

3.稀缺资源的有效配置要求生产的产品越多越好。（ ）

4.根据研究范畴的不同,经济学可分为微观经济学和宏观经济学。（ ）

5.微观经济学要解决的问题是资源利用,宏观经济学要解决的问题是资源配置。（ ）

6.微观经济学的中心理论是价格理论,宏观经济学的中心理论是国民收入决定理论。（ ）

7.实证经济学要解决“应该是什么”的问题,规范经济学要解决“是什么”的问题。（ ）

8.“物价高一些好还是低一些好”的命题属于实证经济学问题。（ ）

9.规范经济学的结论以研究者的阶级地位和社会伦理观的不同而有不同的结论。（ ）

10.穷人存在稀缺性,富人不存在稀缺性。（ ）

11.小王昨天晚上修草坪就不能去看电影,这个事实说明了机会成本的存在。（ ）

12.经济学家的效率标准是国家财政收入最大化。（ ）

13.当生产力充分高度发达时,也就不需要解决经济学的三个问题了。（ ）

14.均衡状态就是静止不变的状态。（ ）

15.政府征税不是市场行为。（ ）

16.政府采购不是市场行为。（ ）

三、简答题

1.(历年考研真题)为什么说稀缺性是产生经济问题的根源?

2.(历年考研真题)谈谈经济学中的静态分析并比较静态分析和动态分析。

3.(历年考研真题)简述新古典经济学与凯恩斯经济学的主要分歧。

案例导读

历届诺贝尔经济学奖得主及其成就(1969~2014年)

诺贝尔经济学奖(The Nobel Economics Prize),全称是纪念阿尔弗雷德·诺贝尔瑞典银行经济学奖(The Bank of Sweden Prize in Economic Sciences in Memory of Alfred Nobel),也

称瑞典银行经济学奖。

诺贝尔经济学奖不属于诺贝尔遗嘱中所提到的五大奖励领域之一，而是由瑞典银行在1968年为纪念诺贝尔所增设的，其评选标准与其他奖项是相同的，获奖者由瑞典皇家科学院评选，1969年(该银行的300周年庆典)第一次颁奖，由挪威人弗里希和荷兰人丁伯根共同获得。

诺贝尔经济学奖历年获奖者(1969—2014年)

年份	获得者(国家)	得奖原因	获奖时所在机构 Affiliation at the time of the award	领域 Field
1969	朗纳·弗里希 Ragnar Frisch (挪威)	他们建立了动态模型来分析经济过程，前者是现代经济学的奠基人之一，后者是全球综合性宏观经济模型的首创者	挪威奥斯陆大学	计量经济学
	简·丁伯根 Jan Tinbergen (荷兰)		荷兰经济学院(The Netherlands School of Economics)	计量经济学
1970	保罗·萨缪尔森 Paul A. Samuelson (美国)	他发展了数理和动态经济理论，将经济科学提高到新的水平，他的研究涉及经济学的全部领域	美国麻省理工学院(MIT)	一般均衡理论 局部均衡理论
1971	西蒙·库兹涅茨 Simon Kuznets (美国)	在研究人口发展趋势及人口结构对经济增长和收入分配关系方面做出了巨大贡献	美国哈佛大学	经济增长 经济史
1972	约翰·希克斯 John R. Hicks (英国)	他们深入研究了经济均衡理论和福利经济理论	万灵学院(牛津大学)	一般均衡理论 福利经济理论
	肯尼斯·约瑟夫·阿罗 Kenneth J. Arrow (美国)		美国哈佛大学	
1973	华西里·列昂惕夫 Wassily Leontief (美国)	发展了投入—产出方法，该方法在许多重要的经济问题中得到运用	美国哈佛大学	投入—产出分析
1974	纲纳·缪达尔 Gunnar Myrdal (瑞典)	他们深入研究了货币理论和经济波动，并深入分析了经济、社会和制度现象的互相依赖		宏观经济学 制度经济学
	弗里德里希·奥古斯特·冯·哈耶克 Friedrich August von Hayek(英国)			
1975	列奥尼德·康托罗维奇 Leonid Vitaliyevich Kantorovich(苏联)	前者在1939年创立了享誉全球的线性规划要点，后者将数理统计学成功运用于经济计量学，他们对资源最优分配理论做出了贡献	俄罗斯科学院	资源优化配置理论
	佳林·库普曼斯 Tjalling C. Koopmans (美国)		美国耶鲁大学	
1976	米尔顿·弗里德曼 Milton Friedman (美国)	创立了货币主义理论，提出了永久性收入假说	美国芝加哥大学	宏观经济学

续表

年份	获得者(国家)	得奖原因	获奖时所在机构 Affiliation at the time of the award	领域 Field
1977	戈特哈德·贝蒂·俄林 Bertil Ohlin (瑞典)	对国际贸易理论和国际资本流动做了开创性研究	斯德哥尔摩经济学院	国际经济学
	詹姆斯·爱德华·米德 James E. Meade (英国)		英国剑桥大学	
1978	赫伯特·西蒙 Herbert A. Simon (美国)	对于经济组织内的决策程序进行了研究,这一有关决策程序的基本理论被公认为是关于公司企业实际决策的创见解	美国卡内基·梅隆大学	管理科学
1979	西奥多·舒尔茨 Theodore W. Schultz (美国)	在经济发展方面做出了开创性研究,深入研究了发展中国家在发展经济中应特别考虑的问题	美国芝加哥大学	发展经济学
	威廉·阿瑟·刘易斯 Sir Arthur Lewis (圣卢西亚)		美国普林斯顿大学	
1980	劳伦斯·克莱因 Lawrence R. Klein (美国)	以经济学说为基础,根据现实经济中实有数据所作的经验性估计建立起经济体制的数学模型	美国宾夕法尼亚大学	宏观经济学
1981	詹姆士·托宾 James Tobin (美国)	阐述和发展了凯恩斯的系列理论及财政与货币政策的宏观模型,在金融市场及相关的支出决定、就业、产品和价格等方面的分析做出了重要贡献	美国耶鲁大学	宏观经济学
1982	乔治·斯蒂格勒 George J. Stigler (美国)	在工业结构、市场的作用和公共经济法规的作用与影响方面,做出了创造性的重大贡献	美国芝加哥大学	产业组织
1983	罗拉尔·德布鲁 Gerard Debreu (法国)	概括了帕累托最优理论,创立了相关商品的经济与社会均衡的存在定理	美国加州大学	一般均衡理论
1984	约翰·理查德·尼古拉斯·斯通 Richard Stone (英国)	国民经济统计之父,在国民账户体系的发展中做出了奠基性贡献,极大地改进了经济实证分析的基础	剑桥大学	国民收入核算
1985	弗兰科·莫迪利安尼 Franco Modigliani (意大利)	第一个提出储蓄的生命周期假设,这一假设在研究家庭和企业储蓄中得到了广泛应用	美国麻省理工学院(MIT)	宏观经济学
1986	詹姆斯·麦基尔·布坎南 James M. Buchanan Jr. (美国)	将政治决策的分析同经济理论结合起来,使经济分析扩大和应用到社会—政治法规的选择	公共选择研究中心 Center for Study of Public Choice (位于美国弗吉尼亚州费尔法克斯县)	公共财政学
1987	罗伯特·索洛 Robert M. Solow (美国)	对增长理论做出贡献,提出长期的经济增长主要是依靠技术进步,而不是依靠资本和劳动力的投入	美国麻省理工学院(MIT)	经济增长理论

续表

年份	获得者(国家)	得奖原因	获奖时所在机构 Affiliation at the time of the award	领域 Field
1988	莫里斯·阿莱斯 Maurice Allais (法国)	他在市场理论及资源有效利用方面做出了开创性贡献,对一般均衡理论重新做了系统阐述	国立巴黎高等矿业学院	局部均衡理论 一般均衡理论
1989	特里夫·哈维默 Trygve Haavelmo (挪威)	建立了现代计量经济学的基础性指导原则	挪威奥斯陆大学	经济计量学
1990	马科维茨 Harry M. Markowitz (美国)	他们在金融经济学方面做出了开创性工作	美国纽约城市大学	金融经济学
	默顿·米勒 Merton H. Miller (美国)		美国芝加哥大学	
	威廉·夏普 William F. Sharpe (美国)		美国斯坦福大学	
1991	罗纳德·科斯 Ronald H. Coase (英国)	揭示并澄清了经济制度结构和函数中交易费用和产权的重要性	美国斯坦福大学	市场制度理论
1992	盖瑞·贝克 Gary S. Becker (美国)	将微观经济学的理论扩展到对于人类行为的分析上,包括非市场经济行为	美国芝加哥大学	微观经济学 社会经济学
1993	罗伯特·福格尔 Robert W. Fogel (美国)	前者建立了包括产权理论、国家理论和意识形态理论在内的"制度变迁理论",后者用经济史的新理论及数理工具重新诠释了过去的经济发展过程	美国芝加哥大学	经济史
	道格拉斯·诺斯 Douglass C. North (美国)		美国华盛顿大学	
1994	约翰·海萨尼 John C. Harsanyi (美国)	这三位数学家在非合作博弈的均衡分析理论方面做出了开创性的贡献,对博弈论和经济学产生了重大影响	美国加州大学	博弈论
	约翰·福布斯·纳什 John F. Nash Jr. (美国)		美国普林斯顿大学	
	莱因哈德·泽尔腾 Reinhard Selten (德国)		德国波恩大学	
1995	小罗伯特·卢卡斯 Robert E. Lucas Jr. (美国)	倡导和发展了理性预期与宏观经济学研究的运用理论,深化了人们对经济政策的理解,并对经济周期理论提出了独到的见解	美国芝加哥大学	宏观经济学
1996	詹姆斯·莫里斯 James A. Mirrlees (英国)	前者在信息经济学理论领域做出了重大贡献,尤其是不对称信息条件下的经济激励理论;后者在信息经济学、激励理论、博弈论等方面做出了重大贡献	英国剑桥大学	信息经济学
	威廉·维克里 William Vickrey (美国)		美国哥伦比亚大学	

续表

年份	获得者(国家)	得奖原因	获奖时所在机构 Affiliation at the time of the award	领域 Field
1997	罗伯特·C·默顿 Robert C. Merton (美国)	前者对布莱克—斯科尔斯公式所依赖的假设条件做了进一步减弱,在许多方面对其做了推广;后者给出了著名的布莱克—斯科尔斯期权定价公式,该法则已成为金融机构涉及金融新产品的思想方法,然而得奖次年,其以得奖理论经营的长期资本管理公司(Long-Term Capital Management,LTCM)亦因其公式失效而以破产告终	美国哈佛大学	信息经济学
	迈伦·斯科尔斯 Myron S. Scholes (美国)		美国长期资本管理公司	
1998	阿马蒂亚·森 Amartya Sen[44] (印度)	对福利经济学几个重大问题做出了贡献,包括社会选择理论、对福利和贫穷标准的定义、对匮乏的研究等	剑桥大学三一学院	福利经济学
1999	罗伯特·蒙代尔 Robert A. Mundell (加拿大)	他对不同汇率体制下货币与财政政策以及最适宜的货币流通区域所做的分析使他获得这一殊荣	美国哥伦比亚大学	国际宏观经济学
2000	詹姆斯·赫克曼 James J. Heckman (美国)	在微观计量经济学领域,他们发展了广泛应用于个体和家庭行为实证分析的理论和方法	美国芝加哥大学	计量经济学
	丹尼尔·麦克法登 Daniel L. McFadden (美国)		美国加州大学	
2001	乔治·阿克洛夫 George A. Akerlof (美国)	为不对称信息市场的一般理论奠定了基石,他们的理论迅速得到了应用,从传统的农业市场到现代的金融市场,他们的贡献来自于现代信息经济学的核心部分	美国加州大学	信息经济学
	迈克尔·斯宾塞 A. Michael Spence (美国)		美国斯坦福大学	
	约瑟夫·斯蒂格利茨 Joseph E. Stiglitz (美国)		美国哥伦比亚大学	
2002	丹尼尔·卡内曼 Daniel Kahneman (美国)	把心理学分析法与经济学研究结合在一起,为创立一个新的经济学研究领域奠定了基础	美国普林斯顿大学	经济心理学 实验经济
	弗农·史密斯 Vernon L. Smith (美国)	开创了一系列实验法,为通过实验室实验进行可靠的经济学研究确定了标准	美国乔治·梅森大学	
2003	罗伯特·恩格尔 Robert F. Engle Ⅲ (美国)	用“随着时间变化的易变性”和“共同趋势”两种新方法分析经济时间数列,从而给经济学研究和经济发展带来巨大影响	美国纽约大学	计量经济学
	克莱夫·格兰杰 Clive W.J. Granger (英国)		美国加州大学	

续表

年份	获得者(国家)	得奖原因	获奖时所在机构 Affiliation at the time of the award	领域 Field
2004	芬恩·基德兰德 Finn E. Kydland (挪威)	有关宏观经济政策的"时间一致性难题"和商业周期的影响因素	美国卡内基·梅隆大学,美国加州大学	宏观经济学
	爱德华·普雷斯科特 Edward C. Prescott (美国)		美国亚利桑那州立大学,明尼阿波利斯联邦储备银行	
2005	罗伯特·约翰·奥曼 Robert J. Aumann (以色列)	通过博弈论分析促进了对冲突与合作的理解	以色列耶路撒冷希伯来大学理性分析中心	博弈论
	托马斯·克罗姆比·谢林 Thomas C. Schelling (美国)		美国马里兰大学经济系和公共政策学院	
2006	埃德蒙·费尔普斯 Edmund S. Phelps (美国)	在宏观经济跨期决策权衡领域所取得的研究成就	美国哥伦比亚大学	宏观经济学
2007	里奥尼德·赫维茨 Leonid Hurwicz (美国)	为机制设计理论奠定了基础	美国明尼苏达大学	微观经济学
	埃里克·马斯金 Eric S. Maskin (美国)		美国普林斯顿高等研究院	
	罗杰·梅尔森 Roger B. Myerson (美国)		美国芝加哥大学	
2008	保罗·克鲁格曼 Paul Krugman (美国)	对经济活动的贸易模式和区域的分析	美国普林斯顿大学	国际经济学 区域经济学
2009	埃莉诺·奥斯特罗姆 Elinor Ostrom (美国)	经济治理,尤其是对普通民众做出的贡献和经济治理分析,特别是企业边际领域方面的贡献	美国印第安纳大学,美国亚利桑那州立大学	经济治理
	奥利弗·威廉姆森 Oliver E. Williamson (美国)		美国加州大学	
2010	彼得·戴蒙德 Peter A. Diamond (美国)	在"市场搜寻理论"中具有卓越贡献	美国麻省理工学院 (MIT)	搜寻理论 劳动经济学
	戴尔·莫滕森 Dale T. Mortensen (美国)		丹麦奥胡斯大学,美国西北大学	
	克里斯托弗·皮萨里德斯 Christopher A. Pissarides(塞浦路斯)		伦敦政治经济学院	

续表

年份	获得者(国家)	得奖原因	获奖时所在机构 Affiliation at the time of the award	领域 Field
2011	托马斯・萨金特 Thomas J.Sargent (美国)	在宏观经济学中对成因及其影响的实证研究	美国纽约大学	宏观经济计量学
	克里斯托弗・西姆斯 Christopher Sims (美国)		美国普林斯顿大学	
2012	埃尔文・罗斯 Alvin E. Roth (美国)	创建"稳定分配"的理论,并进行"市场设计"的实践	美国哈佛大学,美国哈佛商学院	博弈论
	罗伊德・沙普利 Lloyd S. Shapley (美国)		美国加州大学	
2013	尤金・法玛 Eugene Fama (美国)	对"资产价格的经验主义分析"做出的贡献	芝加哥大学布斯商学院	金融经济学
	彼得・汉森 Peter Hansen (美国)		芝加哥大学	
	罗伯特・席勒 Robert J. Shiller (美国)		耶鲁大学	
2014	让・梯若尔 Jean Tirole (法国)	对"对市场力量和监管的分析"做出的贡献	法国图卢兹大学	产业组织

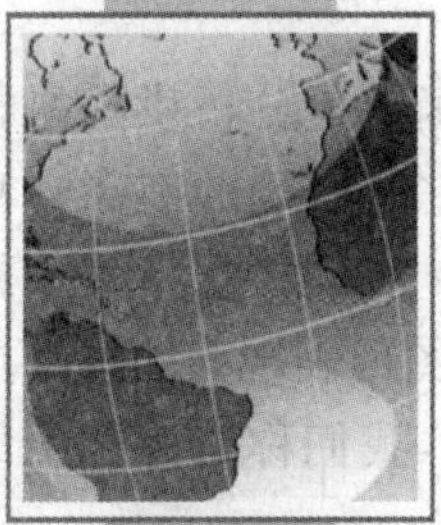

第二章 供给、需求和均衡价格

学习框架

- 供求理论（市场机制）
  - 需求
    - 定义，曲线特征（右下倾斜）
    - 需求规律（价格与需求量之间的反向变化关系）
    - 影响需求量变动的因素
      - 自身价格（需求量的变动）
      - 偏好、相关品的价格、收入、价格预期、政策等（需求的变动）
    - 需求弹性性
      - 需求价格弹性E_d
      - 需求收入弹性E_m
      - 需求交叉弹性弹性E_{xy}
  - 供给
    - 定义，曲线特征（右上倾斜）
    - 供给规律（价格与供给量之间的同向变化关系）
    - 影响供给量变动的因素
      - 自身价格（供给量的变动）
      - 成本、技术、相关品价格、未来预期等（供给的变动）
    - 供给弹性——供给价格弹性E_s
- 市场均衡$Q_d=Q_s$ → 均衡的变动 → 蛛网模型

学习摘要

1.需求与需求函数

需求是指在一定价格下，消费者愿意并能够购买的商品数量，是购买意愿与购买能力的统一。需求函数是分析需求量与影响需求的主要因素（价格）之间的变化关系。函数形式为 $Q_d=f(p)$，它所描绘的商品自身价格与需求量之间的反向变动关系即为需求法则。函数图形表现为向右下倾斜、斜率为负的曲线形状。当价格变动引起需求数量变动时，我们称之为需求量的变动，图形表现为曲线上点的移动；当非价格因素（收入、偏好、相关品、预期、政策等）引起需求数量变动时，我们称之为需求的变动，图形表现为曲线的左右移动。

2.供给与供给函数

供给是指在一定价格下，生产者愿意并能够出售的商品数量。供给函数是分析供给量与影响供给的主要因素（价格）之间的变化关系。函数形式为 $Q_s = f(p)$，它所描绘的商品自身价格与供给量之间的同向变动关系即为供给法则。函数图形表现为向右上倾斜、斜率为正的曲线形状。当价格变动引起供给数量变动时，我们称之为供给量的变动，图形表现为曲线上点的移动；当非价格因素（成本、技术、相关品、预期等）引起供给数量变动时，我们称之为供给的变动，图形表现为曲线的左右移动。

3.市场均衡

市场均衡描绘的是在某一价格水平下，市场的供给量和需求量刚好相等时的市场状态，又被称为市场出清。均衡时，$Q_d = Q_s$，此时的价格称为均衡价格。当需求和供给中的任一个变化时，都会导致市场均衡变动，从而引起均衡价格和均衡量的变化。

4.弹性

需求弹性研究的是当引起需求量的变动因素（价格、收入、相关品的价格）变化时，会引起需求数量发生怎样的变动。

当商品自身价格变动时引起的需求量的变动程度的大小，我们称之为需求价格弹性，计算公式为：$E_d = \Delta Q/\Delta P \times P/Q$（弧弹性）或 $E_d = dQ/dP \times P/Q$（点弹性）。需求价格弹性用于描绘商品本身的属性。在弧弹性中，当 $E_d > 1$ 时，为富有弹性，表示需求量的变动程度大于价格的变动程度，厂商采取降价或低价策略能带来收入的增加。当 $E_d < 1$ 时，为缺乏弹性，厂商采取提价或高价策略能带来收入的增加。在点弹性中，在线性需求曲线上，点弹性的大小取决于点的位置高低，点的位置越高，弹性越大。

由收入变化引起的需求的变动程度的大小，称为需求收入弹性，计算公式为：$E_m = \Delta Q/\Delta m \times m/Q$。需求收入弹性用于商品的分类，正常商品的 $E_d > 0$（其中，奢侈品的 $E_d > 1$，必需品的弹性 $0 < E_d < 1$），低档品的 $E_d < 0$。

相关商品的价格引起的本商品需求的变动程度的大小，称之为需求交叉弹性，计算公式为：$E_{xy} = \Delta Q_x/\Delta P_y \times P_y/Q_x$。需求交叉弹性用于判定两种商品之间的关系。若 $E_{xy} > 0$，则两种商品互为替代关系；若 $E_{xy} < 0$，则两种商品互为互补关系。

与需求弹性一样，供给也有弹性。前述对需求价格弹性的分析，同样适用于供给价格弹性，但与需求价格弹性相反，供给价格弹性一般为正值。

在研究弹性时，还要注意区分短期弹性和长期弹性。

基本概念

需求　需求法则　需求量的变化　需求价格弹性　需求收入弹性　恩格尔定律　支持价格　蛛网模型

基础知识练习

一、选择题

1.需求曲线是一条倾斜的曲线，其倾斜的方向为(　　)。

A.右下方　　B.右上方　　C.左下方　　D.左上方

2.电池价格上涨，将(　　)。

A.增加对手电筒的需求　　B.降低对手电筒的需求

C.增加对电池动力玩具的需求　　D.难以确定

3.其他条件不变，牛奶价格下降将导致牛奶的(　　)。

A.需求下降　　B.需求增加　　C.需求量下降　　D. 需求量增加

4.消费者预期某物品未来价格要上升，则对该物品当前的需求会(　　)。

A.减少　　B.增加

C.不变　　D.上述三种情况都可能

5.一种商品的需求量与另一种商品的价格按相同的方向变化，则称这两种商品是(　　)。

A.互替品　　B.互补品　　C.劣等商品　　D. 自由物品

6.某消费者收入下降，而他对某商品的需求却增加，该商品为(　　)。

A.低档商品　　B.互替品　　C.互补品　　D.一般商品

7.在同一条曲线上，价格与需求量的组合从 A 点移动到 B 点是(　　)。

A.需求的变动　　B.收入的变动

C.偏好的变动　　D.需求量的变动

8.导致需求曲线发生位移的原因是(　　)。

A.因价格变动而引起需求量的变动

B.因供给曲线发生了位移而引起需求量的变动

C.因影响需求的非价格因素发生变动而引起需求关系发生了变动

D.因社会经济因素发生变动而引起产品价格的变动

9.对化妆品的需求减少是指(　　)。

A.收入减少引起的减少　　B.价格上升而引起的减少

C.需求量的减少　　D.价格下降

10.IBM 电脑价格下降会导致(　　)。

A.康柏电脑需求的减少　　B.IBM 电脑需求的上升

C.IBM 电脑供给的上升　　D.康柏电脑供给的上升

11.人口减少，需求曲线(　　)。

A.右移　　B.左移　　C.上移　　D.下移

12.供给曲线是一条倾斜的曲线，其倾斜的方向为(　　)。

A.右下方　　B.右上方　　C.左下方　　D.左上方

13.生产者预期某物品未来价格要下降，则对该物品当前的供给会(　　)。

A.增加　　B.减少

C.不变　　D.上述三种情况都可能

14.对大白菜供给的减少，不可能是由于(　　)。

A.气候异常寒冷　　B.政策限制大白菜的种植

C.大白菜的价格下降　　D.化肥价格上涨

15.技术进步一般会导致(　　)。

A.供给曲线右移

B.供给量沿着供给曲线减少

C.一个人增加他所消费的所有商品的数量

D.供给量沿着供给曲线增加

16.建筑工人工资提高将使(　　)。

A.新房子供给曲线左移并使房子价格上升

B.新房子供给曲线左移并使房子价格下降

C.新房子供给曲线右移并使房子价格上升

D.新房子供给曲线右移并使房子价格下降

17.供给规律可以反映在(　　)。

A.消费者不再喜欢消费某商品,对该商品的需求量下降

B.政策鼓励汽车的生产,因而市场上汽车的供给量增加

C.生产技术提高会使商品的供给量增加

D.苹果手机价格上升将导致对其的供给量增加

18.已知某商品的需求函数和供给函数分别为:$Q_d=14-3P$,$Q_s=2+6P$,该商品的均衡价格是(　　)。

A.4/3　　B.4/5　　C.2/5　　D.5/2

19.在供给和需求同时发生变化的情况下,如果供给增加的幅度大于需求增加的幅度,均衡价格将(　　)。

A.上升　　B.下降　　C.不变　　D.无法确定

20.已知某种商品的市场需求函数为 $D=20-p$,市场供给函数为 $S=2p-10$,如果对该商品实行征税,则征税后的市场均衡价格(　　)。

A.小于 10　　B.等于 10

C.大于 10　　D.可能小于或大于 10

21.小麦歉收导致小麦价格上升,准确地说,在这个过程中(　　)。

A.小麦供给的减少引起需求量下降

B.小麦供给量的减少引起需求下降

C.小麦供给量的减少引起需求量下降

D.小麦供给的减少引起需求下降

22.某商品价格上升 2%,其需求量下降 100%,则该商品的需求价格弹性是(　　)。

A.缺乏弹性的　　B.富有弹性的　　C.单位弹性的　　D.无法确定的

23.人对药品(不包括滋补品)的需求量价格弹性(　　)。

A.大于 1　　B.等于 1

C.小于 1　　D.以上三者均不正确

24.需求缺乏弹性时,商品价格上涨将引起消费者支出(　　)。

A.增加　　B.减少　　C.保持不变　　D.无法确定

25.需求完全无弹性可以用(　　)。

A.一条与横轴平行的线表示　B.一条向右下方倾斜的直线表示

C.一条与纵轴平行的线表示　D.一条向左下方倾斜的直线表示

26.如果一种商品的需求价格弹性是2，价格由1元上升至1.03元会导致需求量(　　)。

A.上升6%　B.上升2%　C.下降6%　D.下降2%

27.民航机票经常价格打折说明飞机旅行需求(　　)。

A.富有价格弹性　B.单位弹性

C.价格弹性不足　D.缺乏收入弹性

28.如果某商品的需求弹性大于1，则该商品是(　　)。

A.必需品　B.劣等品　C.奢侈品　D.吉芬商品

29.收入增加10%引起需求增加5%，则收入弹性是(　　)。

A.0.5　B.－0.5　C.2.0　D.－2.0

30.若X和Y两产品的交叉弹性是－3.2，则(　　)。

A.X和Y是替代品　B.X和Y是正常商品

C.X和Y是劣质产品　D.X和Y是互补品

31.在两种商品中，若其中一种的价格变化，这两种商品的购买量同时增加或减少，则这两者的交叉需求价格弹性系数为(　　)。

A.负　B.正　C.0　D.1

32.某商品的市场供给曲线是一过原点的直线，则其供给的价格弹性(　　)。

A.随价格的变化而变化　B.恒为1

C.为其斜率值　D.不可确定

33.国家用保护价收购优质棉花，其保护价属于(　　)。

A.限制价格　B.支持价格　C.正常价格　D.以上都不对

34.当供求原理发生作用时，粮食减产在市场上的作用是(　　)。

A.政府规定个人购买粮食的数量

B.粮食价格上升

C.粮食价格下降

D.粮食交易量增加

35.政府把价格限制在均衡价格以下，可能导致(　　)。

A.黑市交易

B.大量积压

C.买者按低价买到希望购买的商品数量

D.A和C

36.为了保证工人的最低生活保障，政府往往规定最低工资制度。在最低工资制度下，可能会导致(　　)。

A.劳动力市场供不应求　B.大量的工人失业

C.愿意工作的工人都能找到工作　D.没有任何影响

37.一般而言，农产品的蛛网的形状是(　　)。

A.收敛型　B.封闭型　C.发散型　D.圆形

二、判断题

1.在任何情况下商品的需求量与价格都是反方向变化的。(　　)

2.如果汉堡和可乐是互补品，那么汉堡价格下降，可乐的需求就会增加。（ ）

3.某种商品 x 价格下降，导致商品 y 的销售量增加，则 x、y 商品互为替代品。（ ）

4.假定其他条件不变，某商品价格的变化将导致它的供给量变化，但不会引起供给的变化。（ ）

5.如果土豆价格上涨，可以预期炸薯条的供给曲线左移。（ ）

6.如果一般性商品的价格高于均衡价格，那该价格最终会下跌并向均衡价格靠拢。（ ）

7.若某商品的需求价格弹性 $E_d=0.6$，卖者提高价格肯定增加销售收入。（ ）

8.收入增加时，低档品的需求曲线左移，奢侈品的需求曲线右移。（ ）

9.若某商品的 $E_d<1$，表明当该商品价格下降 20%时，该商品需求量的减少小于 20%。（ ）

10.卖者提高价格肯定会增加销售收入。（ ）

11.如果价格和总收益呈同方向变化，则需求是缺乏弹性的。（ ）

12.食盐的价格上涨 10%，自行车的价格上涨也是 10%，消费者对自行车涨价的反应要比对食盐涨价的反应小得多。（ ）

13.一般来说，生活必需品比奢侈品更富有弹性。（ ）

14.对农产品限制产量将增加农民的收入。（ ）

15.在一个家庭或国家中，随着收入的增加，奢侈品支出在收入中所占的比重越来越高。（ ）

16.某种产品价格下降将导致人们对这种产品的购买量减少，那么这种产品就一定是劣等品。（ ）

17.如果大白菜需求的收入弹性为正值，那么，大白菜就是低档物品。（ ）

18.已知某两种商品的交叉弹性小于零，则这两种商品是独立品。（ ）

19.如果供给的价格弹性等于 0，供给曲线就是一条垂线。（ ）

20.市场需求是个人需求的加总。（ ）

21.限制价格应高于市场价格，支持价格应低于市场价格。（ ）

三、分析说明题

1.在下列情况下，VCD 影碟机的市场需求或需求量会发生什么变化？解释其原因。

(1)电影院票价从 10 元下降为 5 元。

(2)政府加大对盗版影碟的打击力度，盗版碟几乎没有了。

(3)生产影碟机核心部件的工厂发生大火，半年内无法恢复生产。

(4)生产影碟机的技术发生突破性进步。

2.试解释下列情况为什么是正确的：全世界的干旱使得从出售粮食中得到收入的农民的

总收益增加，但只是东北地区有干旱，就会减少东北农民得到的总收益。

3.政府决定，应该通过减少使用汽油来减少空气污染，因而对所销售的每升汽油征收0.5元的税收。

(1)如果汽油需求较富有弹性，这种税对减少汽油消费是较有效还是较无效？用文字和图形做出解释。

(2)这种政策使汽油消费者受害还是受益？为什么？

(3)这种税使石油行业工人受益还是受害？为什么？

4.某城市大量运输的需求价格弹性估计为1.6，如果城市管理者问你：为了增加大量运输的收入，运输价格应该增加还是应该降低？你应当怎样回答？

四、计算题

1.(历年考研真题)已知某商品的需求方程和供给方程分别为：$Q_d=14-3p$，$Q_s=2+6p$，试求该商品的均衡价格及均衡时的需求价格弹性和供给价格弹性。

2.某商品市场有两个消费者a和b，其需求函数分别为：$Q_a=63-7p$；$Q_b=27-3p$。

(1)试画出市场需求曲线并指出弹性区间。

(2)设该商品市场上只有一个生产者，为了取得最大收入，该生产者应如何确定价格？

3.某地牛奶产量为100吨，社会需求量为120吨，牛奶的需求弹性系数为0.5，原价格为每吨500元。当价格上升为多少元时，才能使供给等于需求？

4.(历年考研真题)假设现阶段我国居民对新汽车需求的价格弹性是$E_d=-1.2$，需求的收入弹性是$E_m=3$，计算：

(1)在其他条件不变的情况下，价格提高3%对需求的影响。

(2)在其他条件不变的情况下，收入提高2%对需求的影响。

(3)假设价格提高8%，收入增加10%。2002年新车的销售量为800万辆。利用有关弹性系数估算2003年新车的销售量。

自我提高测试

一、选择题

1.鸡蛋的需求量增加是指(　　)。

A.由于鸡蛋的供给量增加而引起的增加　B.由于鸡蛋价格下降而引起的增加

C.由于收入的增加而引起的增加　D.以上都不对

2.对西红柿需求的变化，可能是由于(　　)。

A.消费者认为西红柿的价格太高了　B.消费者得知西红柿有益健康

C.种植西红柿的技术有了改进　D.以上都对

3.在得出某农民的小麦商品供给曲线时，下列因素除(　　)外均保持为常量。

A.技术水平　B.投入价格

C.自然特点(如气候状况)　D.所考虑商品的价格

4.就皮包和皮鞋的生产者而言，皮鞋价格上涨将导致(　　)。

A.皮包供给减少　B.皮包供给曲线上点的移动

C.皮鞋供给曲线的移动　D.皮包供给曲线右移

5.假设某商品的需求曲线为$Q_d=13-2P$，市场上该商品的均衡价格为4，那么，当需求曲线变为$Q_d=15-2P$后，均衡价格将(　　)。

A.大于4　B.小于4　C.等于4　D.小于或等于4

6.最近在我国东部商品房的需求下降，价格呈现刚性，于是(　　)。

A.出现暂时的商品房短缺　B.出现暂时的商品房过剩

C.商品房市场出清　D.供给曲线左移

7.若一条曲线型的需求曲线与一条直线型的需求曲线相切，则在切点处两条曲线的需求价格弹性(　　)。

A.相同　B.不同

C.可能相同也可能不同　　D.依切点所在的位置而定

8.下列属于度量沿着需求曲线的移动而不是曲线自身的移动的是(　　)。

A.需求的价格弹性　　B.需求的交叉弹性

C.需求的收入弹性　　D.以上都是

9.政府对卖者出售的商品每单位征收10元，假定这种商品的需求价格弹性为零，可以预料价格的上升(　　)。

A.小于10元　　B.等于10元　　C.大于10元　　D.不确定

10.厂商在工资下降的时候，一般倾向于增雇工人，假如对工人的需求缺乏价格弹性，工资的下降将导致工资总额(　　)。

A.减少　　B.不变　　C.增加　　D.不确定

11.如果需求函数为$Q=AP^{-1}$，那么，商品价格上升将引起买者对商品的总花费(　　)。

A.增加　　B.不变

C.减少　　D.以上皆有可能

12.如右图所示，两条斜率不同的线性需求曲线相交于E点，A、B在D_1上，C、F在D_2上，下列判断正确的是(　　)。

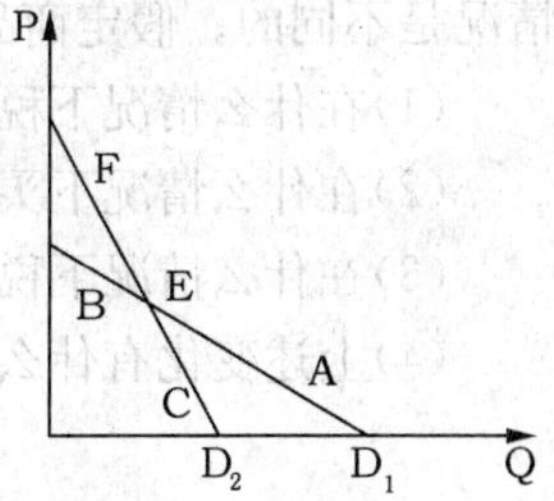

A.$|E_A|>|E_C|$

B.$|E_C|>|E_B|$

C.$|E_A|>|E_F|$

D.$|E_B|>|E_C|$

13.某手机市场调查表明，按2 800元的价格销售供求平衡，按3 700元的价格销量将无人购买，若提价到3 000元，销售收入会(　　)。

A.增加　　B.减少　　C.保持不变　　D.无法确定

14.已知某商品的$E_d=1.5$，$E_s=1.5$，则蛛网的形状是(　　)。

A.收敛型　　B.封闭型　　C.发散型　　D.圆形

二、判断题

1.假定个人电脑的需求增加而生产个人电脑的成本下降，那么就可以预计到，个人电脑交易量会增加，但价格可能上升也可能下降。(　　)

2.各种药品(包括营养补品)的需求弹性都是相同的。(　　)

3.完全无弹性的需求曲线为直线。(　　)

4.如果价格变动，而总收益不变，则需求是富有弹性的。(　　)

5.汽油价格上涨之后，随着时间的流逝，时间越长，汽油的需求越缺乏弹性。(　　)

6.直线型需求曲线的斜率不变，因而其价格弹性也不变。(　　)

7.市场需求是个人需求的加总，因而市场需求曲线连续的必要条件是每个人的需求曲线是连续的。(　　)

8.需求曲线为直线时，在单一弹性点上，总收益达到最大。(　　)

9.如果其他条件不变，需求量增加，需求一定增加。(　　)

10.需求的价格弹性和需求曲线的斜率在数值上一定相等。(　　)

11.假如某种商品的价格从10元上升到10.5元，消费者就会停止购买这种商品，这表明该商品的需求富有完全价格弹性。(　　)

12.卖者降低价格肯定会减少每单位商品的收益。(　　)

三、分析说明题

1."经济学家认为,商品价格下降就会使供给量减少。可是这个规律也有例外。例如,10年前,一台笔记本电脑卖1万多元,到现在只卖5 000多元,然而销售量却增加了上百倍。可见,降价不一定会使供给量下降。"这个说法是否正确?为什么?

2.(历年考研真题)政府如果对产品的卖方征收销售税,那么,在其他条件不变的情况下,这将会导致商品的供给曲线向上平移。然而,根据供求曲线具体形状的不同,实际的税收负担情况是不同的。假定商品的需求曲线为负斜率的直线,试结合图形分析一下:

(1)在什么情况下税收负担能够完全转嫁给买方?

(2)在什么情况下买卖双方均承担一定税赋?

(3)在什么情况下税收负担完全不能转嫁给买方?

(4)上述变化有什么规律性?

四、计算题

1.(历年考研真题)假设某产品的需求函数为 $Q_d=12-2p$,供给函数为 $Q_s=2+3p$。

(1)求解市场均衡时的价格与产量水平。

(2)求解在此均衡点上的供给价格弹性和需求价格弹性。

(3)若征收从量税 $T=1$,求解新的市场均衡价格与产量水平。

(4)求解消费者和生产者各承担了多少税收份额。

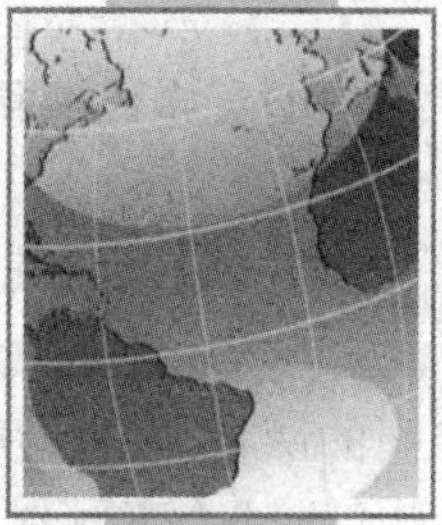

第三章 效用论

学习框架

- 效用论（消费者行为）
  - 基数论（边际效用分析）
    - 边际效用递减
    - 货币的边际效用
    - 消费者均衡（$MU_1/P_1=MU_2/P_2=\lambda$）
    - 需求曲线推导（需求价格）
  - 序数论（无差异曲线分析）
    - 无差异曲线
      - 含义，图形，特征
      - 边际替代率MRS_{12}
    - 预算线
      - 含义，方程
      - 预算线的移动
    - → 消费者均衡（相切）$MU_1/MU_2=P_1/P_2$
      - → 均衡变动
        - 价格消费曲线 → 需求曲线的推导 → 替代效应 + 收入效应
        - 收入消费曲线

学习摘要

1.效用的概念

效用是指消费者在消费商品时所感受到的满足程度，是一种主观评价。总效用 TU 是指从消费一组商品中得到的效用量的总和，即 $TU=f(Q)$。边际效用 MU 是指每增加一单位商品消费所得到的效用的增量，即 $MU=\Delta TU(Q)/\Delta Q$。按照效用度量标准的不同，分为基数效用论和序数效用论。

2.边际效用递减规律是基数效用论的分析方法，描绘的是在一定时期内，其他商品消费不变的情况下，在连续追加某种商品的消费时，消费者从每增加的该单位的商品消费中得到的效用增量，即边际效用是递减的。

3.消费者均衡时研究单个消费者如何把有限的货币收入分配在各种商品的购买中以获得最大的效用。均衡的条件用公式表示为：

$$P_1X_1+P_2X_2+\cdots+P_nX_n=I \qquad \text{（收入约束）}$$

$$MU_1/P_1+MU_2/P_2+\cdots+MU_n/P_n=\lambda \qquad \text{（均衡条件）}$$

4.无差异曲线是序数效用论的基本分析工具，用来表示消费者偏好相同的两种商品的所有组合的曲线。通常是一条向右下倾斜、凸向原点的曲线。边际替代率决定了曲线右下倾斜，边际替代率递减规律决定了曲线凸向原点的特征。

5.预算线表示在消费者的收入和商品价格给定的条件下，消费者的全部收入所能购买到的两种商品的各种组合。预算线方程为：

$$P_1X_1+P_2X_2=I$$

预算线的斜率为$-P_1/P_2$。当消费者收入和商品价格变化时，会引起预算线的位置移动。

6.序数效用论者利用两条曲线分析消费者均衡。两曲线相切时，切点为均衡点，此时效用最大化的条件为：

$$MU_1/MU_2=P_1/P_2$$

当消费者收入或商品价格任意一个变化时，消费者均衡都会发生改变。当其他条件不变、商品价格发生变化时，均衡点变动的轨迹为价格—消费曲线。当其他条件不变、消费者收入发生变化时，均衡点变动的轨迹为收入—消费曲线。序数效用论者的需求曲线由价格—消费曲线推导而出。

7.替代效应与收入效应

某商品价格变化所引起的该商品需求量变化的总效应可以被分解为替代效应和收入效应。替代效应是由商品价格变动所引起的商品相对价格的变动，从而使消费者改变购买数量组合，但是效用水平不变。收入效应是商品价格变化后带来实际收入水平的变动，从而引起商品需求总量上的变化，效应水平随之变化。低档品的特殊性在于收入增加后会减少对该商品的需求数量，即收入效应与价格同方向变化。吉芬商品是特殊的低档品。其特殊性在于：它的收入效应作用很大，以至于超过了替代效应的作用，从而使得总效应与价格呈同方向变动。这也是吉芬商品的需求曲线向右上方倾斜的原因。

8.消费者剩余是消费者愿意支付和实际支付的金额的差额，通常用来度量和分析社会福利问题。计算公式为：

$$CS=\int_0^{Q_0} f(Q)\,dQ-P_0Q_0$$

基本概念

边际效用　　边际效用递减规律　　无差异曲线　　预算线　　边际替代率
消费者均衡　　消费者剩余　　吉芬商品　　补偿预算线　　替代效应　　收入效应

基础知识练习

一、选择题

1.当总效用增加时，边际效用为(　　)。

A.正值且不断增加　　B.正值但不断减少

C.负值且不断减少　　D. 以上都不对

2.若某消费者消费了两单位某物品后，得知边际效用为零，则此时(　　)。

A.消费者获得了最大平均效用　　B.消费者获得的总效用最大

C.消费者获得的总效用最小　　D.消费者所获得的总效用为负

3.一个消费者想要1单位X商品的心情甚于想要1单位Y商品，原因是(　　)。

A.商品X有更多的效用　　B.商品X的价格较低

C.商品X紧缺　　D.商品X满足其精神需要

4.基数效用论的基本假设条件有(　　)。

A.效用是可以衡量的　　B.MU递减

C.MRS_{xy}递减　　D.货币边际效用不变

5.相对于水的价格而言，钻石的价格高，这说明在一般消费水平时(　　)。

A.水的效用大大低于钻石的总效用　　B.水的边际效用高

C.钻石的需求曲线向右上方倾斜　　D.钻石的边际效用高

6.同一消费者的无差异曲线具有的特点为(　　)。

A.位于右上方的无差异曲线具有更高的效用水平

B.密集性

C.任意两条不会相交

D.以上都对

7.若MRS=0，则无差异曲线的形状为(　　)。

A.平行于横轴的直线　　B.平行于纵轴的直线

C.直角线　　D.单位弹性的曲线

8.当消费者处于均衡时，以下正确的是(　　)。

A.每单位货币购买不同商品所增加的满足程度相等

B.每种商品的总效用相等

C.每种商品的替代效应等于收入效应

D.所购买的商品的边际效用相等

9.对于一条向上倾斜的无差异曲线，我们知道(　　)。

A.消费者收入增加了　　B.消费者的偏好发生改变

C.商品的价格有了变化　　D.不符合理性人假设

10.假定杰克只购买笔记本和杂志，他有固定的工作收入，而且从来不借钱。假设他的预算线以杂志为纵轴，那么该预算线的斜率为(　　)。

A.杂志的相对价格

B.为得到一本杂志应该放弃的笔记本的数量

C.为得到一本笔记本应该放弃的杂志的数量

D.杂志的市场价格

11.假设对某一消费者有 $MU_x/P_x < MU_y/P_y$，为使他得到的效用最大，他将(　　)。

A.X、Y 的价格不变，增加 X 的购买量，减少 Y 的购买量

B.X、Y 的价格不变，增加 Y 的购买量，减少 X 的购买量

C.仅当 X 的价格降低时，才有可能增加 X 的购买

D.仅当 Y 的价格降低时，才有可能增加 Y 的购买

12.已知某消费者的预算约束线(如右图所示)，则可以判断(　　)。

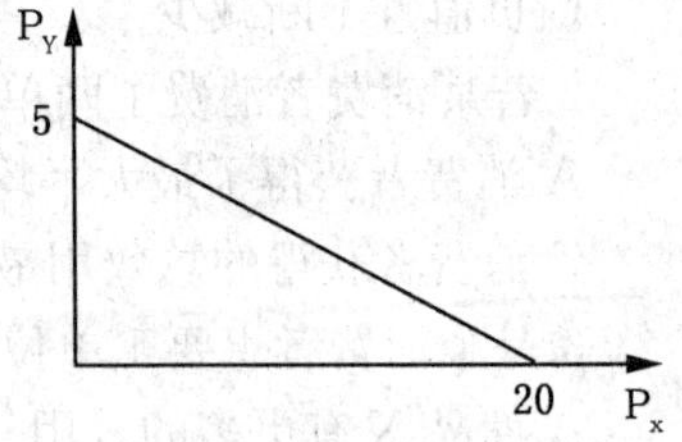

A.X 的价格是 Y 的价格的 4 倍

B.Y 的价格是 X 的价格的 4 倍

C.X 的消费量是 Y 的消费量的 3 倍

D.购买 X 的支出是购买 Y 的支出的 3 倍

13.下列不属于消费者均衡的条件的情况是(　　)。

A.$MU_1/P_1+MU_2/P_2+\cdots+MU_n/P_n=\lambda$

B.货币在每种用途上的边际效用相等

C.各种商品的边际效用相等

D.$MU=\lambda P$

14.某人消费两种商品：食品和服装，且处于均衡状态，最后 1 单位食品的 MU 为 40，最后 1 单位服装的 MU 为 200，食品价格为 4 元，则服装价格为(　　)。

A.40 元　　B.20 元　　C.100 元　　D.50 元

15.预算线的位置和斜率取决于(　　)。

A.消费者的收入水平　　B.消费者的收入和商品的价格

C.消费者的偏好　　D.以上都是

16.商品价格变化引起的替代效应，表现为相应的消费者的均衡点(　　)。

A. 沿着原有的无差异曲线移动　　B. 运动到另一条无差异曲线上

C. 沿着原有的预算线移动　　D. 不变

17.低档物品价格下降，其需求量(　　)。

A.增加

B.减少

C.当替代效应的效果大于收入效应的效果时增加

D.当替代效应的效果小于收入效应的效果时增加

18.若反需求函数为 $P=200-0.5Q$，当 $P=150$ 时，消费者剩余是(　　)。

A.2 500 单位　　B.5 000 单位　　C.7 500 单位　　D.17 500 单位

19.某人只买衣服和食物。当衣服的价格上涨时，对于他而言，在衣服和食物上的购买力就下降了，那么下降的购买力对衣服的购买数量的影响称为(　　)。

A.替代效应　　B.收入效应　　C.价格效应　　D.总效应

20.已知某正常商品的价格下降时，替代效应为+2，则收入效应可能为(　　)。

A.−2　　B.−0　　C.−1　　D.1

21.当某商品的价格下降时，替代效应为+4，收入效应为−6，则该商品为(　　)。

A.正常品　　B.低档品　　C.吉芬商品　　D.都有可能

22.下列选项中，不是对消费者选择理论的批评的是(　　)

A.这个理论未能反映消费者实际进行的思维过程

B.消费者不可能有定义完善的偏好

C.需求曲线不是向下倾斜的

D.单个消费者不知道市场上所有商品的价格

二、判断题

1.效用是用商品的有用性来度量的。(　　)

2.当消费某种物品的边际效用为负时，则总效用达到极大值。(　　)

3.总效用决定产品的价格，边际效用决定消费的数量。(　　)

4.同一杯水具有相同的效用。(　　)

5.货币的边际效用随着货币数量的增加而递减。(　　)

6.无差异曲线离原点越远，表示消费者所得到的总效用越小。(　　)

7.收入增加使预算线向内移动。(　　)

8.预算线的斜率取决于收入，位置取决于两种物品的相对价格。(　　)

9.在最好的消费点(消费者均衡点)上，预算线斜率等于无差异曲线的斜率。(　　)

10.预算线上任何一点表示所有收入都支出了。(　　)

11.在同一条无差异曲线上，不同的消费者得到的效用水平是无差异的。(　　)

12.假定其他条件不变，如果某种商品的价格下降了，根据效用最大化原则，消费者会增购这种商品。(　　)

13.商品价格变化引起的收入效应，表现为相应的消费者的均衡点沿原有的无差异曲线运动。(　　)

14.在同一条无差异曲线上，任意两点对应的两种商品不同数量的组合所能带来的边际效用相等。(　　)

15.当价格下降时，任何商品的替代效应都是正数。(　　)

16.吉芬物品和低档物品的需求曲线都向右上方倾斜。(　　)

17.所有吉芬物品都是低档物品。(　　)

18.吉芬物品是一种需求量与价格同方向变化的特殊商品。(　　)

19.正常物品的替代效应同价格呈同方向变动。(　　)

20.个人需求曲线上的任何一点都代表着消费者的最大满足状态。(　　)

21.若某商品的价格变化，其替代效应小于收入效应，则该商品是低档品。(　　)

三、计算题

1.已知某消费者的效用函数为 $U=3XY$，两种商品的价格分别为 $P_X=1$，$P_Y=2$，消费者的收入是 12。求均衡时消费者获得的最大效用。

2.若某人的效用函数为 $U=4\sqrt{X}+Y$，原来他消费 9 单位 X、8 单位 Y，现在 X 减少到 4 单位。求需消费多少单位 Y 才能与以前的满足感相同。

3.若某消费者的效用函数为 $U=XY^4$，他会把收入的多少用于商品 Y 上？

4.（历年考研真题）设某商品的需求方程为：$Q=10-2P$，试求价格 $P_1=2$ 和 $P_2=4$ 时的消费者剩余。

5.某消费者的效用函数为 $U=XY$，$P_X=1$，$P_Y=2$，收入 $M=40$，现在 P_Y 突然下降到 1 元。如果初始效用不变，试问：

（1）Y 价格下降的替代效应使他买更多还是更少的 Y？

（2）Y 价格下降对 Y 需求的收入效应相当于他增加或减少多少收入的效用？收入效应使他买更多还是更少的 Y？

（3）Y 价格下降的替代效应使他买更多还是更少的 X？收入效应呢？Y 价格下降对 X 需求的总效用是多少？对 Y 的需求的总效用又是多少？

四、分析说明题

假定货币的边际效用递减，将高工资者收入转移给低工资者，能否增加全社会的总效应？试用图说明。

自我提高测试

一、选择题

1.姚明去买运动鞋，而且他有足够多的钱，他将买鞋直到（　　）。

A.鞋带给他的总效用等于价格　　B.鞋的边际效用等于价格

C.他用完全部的钱　　D.他买完商店里所有的鞋

2.若某条无差异曲线是水平直线，这表明该消费者对（　　）的消费已达到饱和。

A.商品 X　　B.商品 Y　　C.商品 X 和 Y　　D.货币

3.若消费者甲的 $MRS_{XY}=3$，消费者乙的 $MRS_{XY}=2$，那么甲应该（　　）。

A.用 X 换乙的 Y　　B.用 Y 换乙的 X　　C.放弃 X　　D.放弃 Y

4.某人消费汉堡和可乐。假如其收入增加了 1 倍，汉堡和可乐的价格也上升了 1 倍，那么，其预算线将（　　）。

A.不变　　B.外移，斜率不变

C.外移,更陡峭　　D.外移,更平坦

5.已知消费者的收入是100元,商品X的价格是10元,商品Y的价格是3元。假定他打算购买7单位X和10单位Y,这时商品X和Y的边际效用分别是50和18。如要获得最大效用,他应该(　　)。

A.停止购买　　B.增购X,减少Y的购买量

C.减少X的购买量,增购Y　　D.同时增购X和Y

6.随着收入和价格的变化,消费者的均衡也发生变化,假如在新的均衡下,各种商品的边际效用均低于原均衡状态的边际效用,这意味着(　　)。

A.消费者生活状况有了改善　　B.消费者的生活状况恶化了

C.消费者的生活状况没有变化　　D.无法判断

7.对于效用函数U(X,Y)=(X+Y)/5来说,无差异曲线(　　)。

A.是一条直线　　B.边际替代率递减

C.切线斜率为正　　D.以上都正确

8.当两种商品X、Y的效用函数为XY时,下列代表相同的偏好序的效用函数是(　　)。

A.U(X,Y)=(X−5)(Y−5)　　B.U(X,Y)=(X+5)(Y+5)

C.U(X,Y)=(X/5)(Y/5)　　D.U(X,Y)=(X−5)(Y+5)

二、判断题

1.向下倾斜的无差异曲线越接近于直线,说明两种商品之间的替代性就越大。(　　)

2.如果在新的消费者均衡状态下,各种商品的边际效用低于原均衡状态,则意味着消费者的生活状况恶化了。(　　)

3.如果消费者的效用函数为U=3XY,那么他总是把他的一半收入花在商品X上。(　　)

4.当无差异曲线的斜率为固定常数时,表明两种商品是完全互补的。(　　)

5.如果所有商品的价格和消费者的收入都翻一番,效用最大化的消费者将增加1倍的商品消费数量。(　　)

三、计算题

1.(历年考研真题)假设有一居民李四的效用函数为$U(X,Y)=X^{14}Y^{34}$,其中,X为食品消费量,Y为其他商品的消费量,且居民的收入为5 000元,X与Y的价格为10元。请计算:

(1)该居民的最优消费组合。

(2)若政府提供该居民2 000元的食品兑换券,此兑换券只能用于食品消费,则该居民的消费组合有何变化?

2.(历年考研真题)市场上黄瓜的价格$P_X=3$元,西红柿的价格$P_Y=4$元,张三的收入为50元,其效用函数为$U(X,Y)=(X^2+Y^2)$的平方根。

(1)根据上述条件,计算张三的最大效用。

(2)做出张三的无差异曲线和预算线图,分析张三的最优消费组合,与(1)对比,说明其有

何区别，并说明理由。

四、分析说明题

1.某消费者原来每月煤气开支 50 元，煤气的某些用途如取暖等可用电代替。现在煤气价格上涨 100%，其他商品价格不变，政府给予消费者 50 元作为价格补贴，试问该消费者的处境是改善了还是恶化了？为什么？

2.一个风险回避者有机会在以下两者之间选择：在一次赌博中，他有 25%的概率得到 1 000美元，有 75%的概率得到 100 美元，或者，他不赌可以得到 325 美元，他会怎样选择？如果他得到的是 320 美元，他会怎样选择？

3.(历年考研真题)我国许多大城市，由于水资源不足，自来水供应紧张，请根据边际效用递减原理，设计一种方案供政府来缓解或消除这个问题，并请回答这种措施：

(1)对消费正剩余有何影响？

(2)对生产者资源的配置有何有利或不利的效应？

(3)对于城市居民的收入分配有何影响？能否有什么补救的办法？

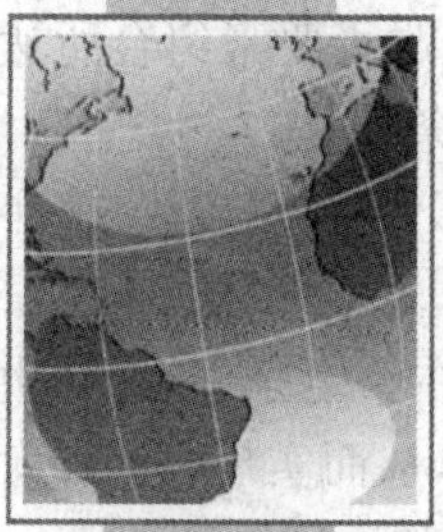

第四章 生产论

学习框架

- 生产论（生产者行为）
  - 短期生产（一种可变要素投入）
    - TP、AP、MP三者的含义与图形关系
    - 边际报酬递减规律
    - 生产三阶段的划分及特点
  - 长期生产（两种可变要素投入）
    - 等产量线
      - 含义及特征
      - 边际技术替代率MRST递减
      - 规模报酬
    - 等产量线
      - 含义及特点
      - 等成本线的移动
    - 生产者均衡（MPK/MPK=w/r）
      - ↓
      - 扩展线（均衡变动）

学习摘要

1.现实中的厂商是以营利为目的的生产单位，它可以是单个的农户，也可以是巨型的跨国公司，微观经济学中所研究的厂商并不逐一比较不同厂商之间的差别，而是把大小不等、所处行业各异的生产单位看作是整齐划一的厂商，它们的共同特征是实现投入与产出之间的转换以及追求利润最大化。

2.在一定的技术水平下，要素投入量与产出量之间的关系可以用生产函数加以分析。在某种意义上，每个厂商在一个技术水平下对应着一种生产函数。简明的生产函数可以记为 $Q=f(L,K)$。在实际经济分析中，人们构造了许多具体的生产函数形式，常见的有：固定替代比例生产函数 $Q=Al+Bk$；固定投入比例生产函数 $Q=\min\{L/u,K/v\}$；柯布道格拉斯生产函数 $Q=AL^{\alpha}K^{\beta}$。

3.短期生产描绘的是在短期内，假设一种要素投入不变，另一种要素投入不断发生改变时所对应的产出量的变化关系。短期生产主要研究的是 TP、AP、MP 三个变量的特征及相互关系，其中 MP 的变化特征由边际报酬递减规律所决定。

4.长期生产描绘的是在长期内所有要素投入数量均可改变时所对应的产出量的关系，主要通过运用等产量线和等成本线来进行分析。

5.生产要素最优组合也就是生产者均衡问题，研究的是厂商如何实现购买要素组合所达到的产量能使厂商实现利润最大化。通过利用图形分析，得到厂商均衡的条件是：

$$wL+rK=C$$

$$MP_L/MP_K=w/r$$

6.扩展线是当均衡的条件变化时引起的均衡点变动的轨迹。它表示在给定条件下，当生产成本或产量发生变化时，厂商会沿着扩展线来选择最优的生产要素组合，从而实现利润最大化。扩展线是一条特殊的等斜线，且等斜线的斜率刚好等于等成本线的斜率。

7.在生产过程中，同比例增加各种要素的投入，产出量的变化会表现为三种可能：(1)规模报酬递增，即产出增加比例大于投入增加比例；(2)规模报酬不变，即产出增加比例等于投入增加比例；(3)规模报酬递减，即产出增加比例小于投入增加比例。

基本概念

边际报酬递减规律　边际技术替代率　等产量线　等成本线　规模报酬　扩展线

基础知识练习

一、选择题

1.相对于单人业主制或合伙制而言，公司的不利之处是(　　)。

A.所有者有无限责任

B.利润既要作为公司利润纳税，又要作为股东的红利收入纳税

C.难以筹集到大量资金

D.永远存在

2.在经济学中，短期是指(　　)。

A.一年或一年以内

B.在这一时期所有投入量都可以变动

C.在这一时期所有投入量都是固定的

D.在这一时期至少有一种投入量是固定的，也至少有一种投入量是可变的

3.可变投入量增加 1 单位所引起的总产量变动量称为(　　)。

A.平均产量　　B.边际产量　　C.平均可变产量　　D.总产量

4.下列说法中正确的是(　　)。

A. 只要总产量减少，边际产量一定为负

B. 只要 MP 减少，总产量一定减少

C. MP 曲线必定交于 AP 曲线的最高点

D. 只要 MP 减少，AP 也一定减少

5.右图表示某企业的生产函数，D 点为顶点，对应的劳动投入为 L4。

(1)下面关于劳动的 MP 和 AP 的说法中,错误的是(　　)。

A.MP 是 TP 的斜率

B.MP 在 L3 达到最大

C.在 L2 和 L4 的劳动的平均产量相等

D. MP 先随 L 上升,然后下降

(2)以下说法正确的是(　　)。

A.在 C 和 D 之间,平均产量下降

B.在 AC 之间边际产量上升

C.B 点的平均产量最小

D.在 BD 之间平均产量上升

6.边际生产力下降是由于(　　)。

A.生产过程的低效率　　B.使用了效率低下的生产要素

C.工人的懒惰　　D.可变投入与固定投入比例不协调

7.总产量曲线是(　　)。

A.平均产量曲线与边际产量曲线之和

B.在资本等投入量固定时,每种劳动的价格上所能生产的产量水平的图形

C.在其他投入量固定时,在每种可变投入量水平可以达到最大产量的图形

D.总产量除以固定投入量的图形

8.当生产函数 $Q=f(L,K)$ 的平均产量为正且递减时,边际产量可以是(　　)。

A.递减且为正　　B.递减且为负

C.为零　　D.上述任何一种情况

9.一企业采用最低成本进行生产,若资本的边际产量为 5,单位资本的价格为 20 元,单位劳动的价格为 8 元,劳动的边际产量为(　　)。

A. 1　　B. 2　　C. 3　　D. 4

10.理性的生产者选择的生产区域应是(　　)。

A.MP＞AP 阶段　　B.MP 下降阶段

C.AP＞MP 阶段　　D.MP 与 AP 相交之点起至 MP 与横轴交点止

11.当 MP_L 为负时,我们是处于(　　)。

1.对 L 的Ⅰ阶段　　2.对 L 的Ⅱ阶段　　3.对 K 的Ⅲ阶段　　4.以上都不是

12.等成本线向左平移表明(　　)。

A. 产量提高了　　B.成本增加了

C.生产要素的价格下降了　　D.生产要素的价格同比例上升了

13.等产量曲线上任意两点的产量肯定是(　　)。

A.相等　　B.不等　　C. 无关　　D. 以上情况都存在

14.等产量线和等成本线有一个共同点,即两条线的任何一点都可表示(　　)。

A.总产出量　　B.投入的两种要素的数量组合

C.两种要素的价格组合　　D.以货币计算的总成本

15.如果等产量曲线与等成本曲线没有交点,那么要生产等产量曲线所表示的产量,应该(　　)。

A.增加投入　　B.保持原投入不变

C.减少投入　　　　　　　　　　　D.上述三者均不正确

16.对于右图所示的等产量线，下列说法中错误的是(　　)。

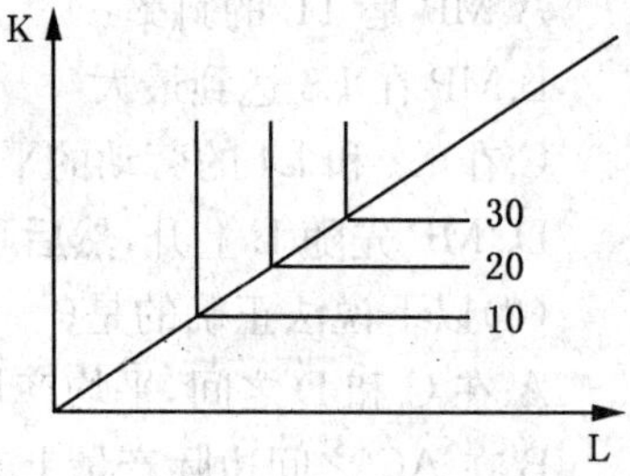

A.规模报酬不变

B.固定投入比例生产函数

C.L 与 K 之间完全可以替代

D.L 与 K 之间的技术替代率为 0

17.规模报酬的变化是在(　　)的条件下发生的。

A.连续投入某种生产要素而保持其他生产要素不变

B.按比例连续增加各种生产要素投入

C.只要连续增加各种生产要素投入

D.以上都可能

18.已知某企业的生产函数是 $Q=2L+K^2$，则该企业处于(　　)。

A.规模报酬递增　　　　　　　　B.规模报酬不变

C.规模报酬递减　　　　　　　　D.不确定

19.在 $MP_L/P_L > MP_K/P_K$R 的情况下，企业降低成本同时又维持相同产量的方法是(　　)。

A.增加劳动投入　　　　　　　　B.增加资本投入

C.提高规模经济水平　　　　　　D.提高劳动的边际产量

二、判断题

1.生产理论中的短期是指未能调整全部生产要素的时期。(　　)

2.长期是指一年以上。(　　)

3.任何生产函数都是以一定时期的技术水平作为前提条件，一旦技术水平发生变化，原有的函数就会发生变化，从而形成新的生产函数。(　　)

4.边际产量是由总产量曲线的斜率决定的。(　　)

5.边际报酬递减规律决定 MP 曲线呈现先上升后下降的走势。(　　)

6.在一种可变投入生产函数条件下，可变要素合理投入区域应在 AP>MP>0 的阶段。(　　)

7.一个追求利润最大化的厂商决不会在总产量曲线的下降部分组织生产。(　　)

8.AP 曲线与 MP 曲线交于 MP 曲线的最高点。(　　)

9.在一种可变投入的生产函数中，只要平均产量是上升的，就应增加可变要素的投入量。(　　)

10.当劳动的边际产量小于其平均产量时，平均产量肯定是下降的。(　　)

11.只要边际产量为正，总产量总是增加的。(　　)

12.生产要素投入越多，生产过程提供的产出越大。(　　)

13.等成本线沿着 Y 轴向外扩展时，表示劳动的价格下降了。(　　)

14.能提供相同效用的不同商品数量组合的点的连线即为等产量曲线。(　　)

15.等产量曲线表示的是用同样数量劳动和资本生产不同的产量。(　　)

16.在农业中并不是越密植越好，也不是施肥越多越好。(　　)

17.假定生产某种产品要用两种要素，如果这两种要素价格相等，则该生产者最好用同等数量的这两种要素投入。(　　)

18.如果两种投入要素的价格相等，当产出一定时，最低成本支出的要素投入组合将取决

于等产量曲线切线斜率为－1 的点。（　）

19.扩展线是等斜线。（　）

20.规模报酬研究的是企业规模变动后所引起的产出量的变化。（　）

三、计算题

1. 设某企业生产函数为 $Q=L^{2/3}K^{1/3}$，且已知 w＝2 元，r＝1 元，当产量为 100 个单位时，K、L 最优组合的量应为多少？

2.已知生产函数为 $Q=2KL^2$，求：

(1)厂商长期生产的扩展线方程。

(2)当 w＝1、r＝1、Q＝1 000 时，厂商实现最小成本的要素投入组合。

3.已知生产函数 $Q=L^{1/3}K^{2/3}$，判断：

(1)在短期生产中，该生产函数是否受边际报酬递减规律的支配？

(2)在长期生产中，该生产函数的规模报酬属于哪一类？

四、简答题

(历年考研真题)生产的三个阶段是如何划分的？为什么生产者通常会选择在第二阶段生产？

自我提高测试

一、选择题

1.在边际报酬递减规律的作用下，MP 会递减，在这种情况下，如果增加相同产量的产出，应该(　　)。

A.停止增加可变的生产要素　　B.减少可变生产要素的投入

C.增加更多可变要素投入的数量　　D.减少固定生产要素

2.如果生产函数为 $Q=\min(3L,K)$,且 $r=10$,$w=5$,则资本与劳动的最优比例为(　　)。

A.1∶3　　B.2∶1　　C.3∶1　　D.1∶2

3.生产函数 $Q=4L^{0.3}K^{0.7}M^{0.2}$,则其规模报酬属于(　　)。

A.递增　　B.不变　　C.递减　　D.不确定

4.如果规模报酬不变,单位时间里增加了30%的劳动使用量,但保持资本量不变,则产出将(　　)。

A.增加30%　　B.减少30%　　C.增加大于30%　　D.增加小于30%

5.如果一个企业在各种产出水平上都显示规模报酬递减,把这个企业划分为两个相等规模的较小的企业,它的总产出将会(　　)。

A.增加　　B.减少　　C.不变　　D.不确定

二、计算题

(历年考研真题)某厂商的生产函数为:$Q=KL-0.2L^2 0.8K^2$,Q、K、L分别表示产量、资本和劳动,假定资本投入是固定的,即 $K=10$。

(1)请写出劳动的平均产量 AP_L 函数和边际产量 MP_L 函数。

(2)分别计算当总产量、平均产量达到最大值时厂商雇用的劳动数量。

(3)以本题为例,说明当 AP_L 达到极大时,为什么 $AP_L=MP_L$。

四、分析说明题

1.(历年考研真题)单个生产要素的报酬递减与规模报酬并不矛盾,为什么?

2.(历年考研真题)生产要素的最优组合就是利润最大化的要素组合吗?

第五章 成本论

学习框架

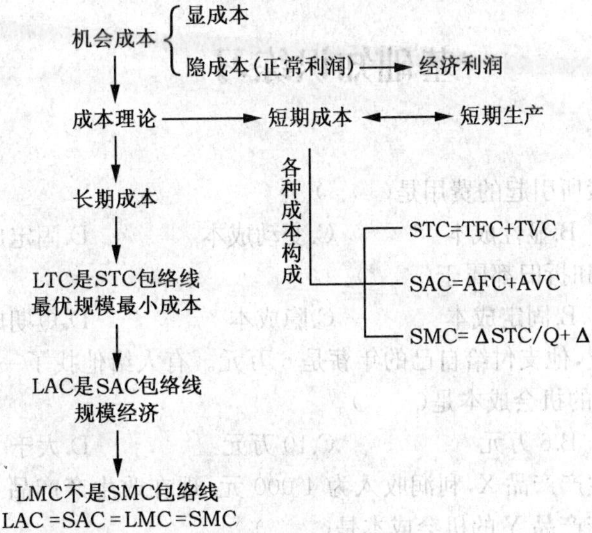

学习摘要

1.经济学探讨的成本不同于会计成本。会计成本是对实际发生的账目往来的统计，而经济学强调的机会成本则是行为主体将生产要素投入其他领域可能带来的最大收益，实际是指可能发生的损失。机会成本有助于经济活动开始之前做出决策。与机会成本相对应的就是经济利润，它等于会计利润减去隐性成本，它不反映生产活动的实际盈利，但是可作为厂商决策的重要依据。

2.短期成本可以说是厂商在短期生产中所产生的一系列成本，最大的特征是当厂商短期产量为零时，仍然存在固定成本。短期成本代表的是厂商在短期生产中不能调整规模，只能在给定的生产规模下生产时，生产某产量的最小成本。成本函数与生产函数之间存在非常密切的对应关系。具体来说，劳动的总产量曲线 TP_L 和总成本曲线 STC，边际产量曲线 MP_L 与边际成本曲线 SMC，平均产量曲线 AP_L 与平均成本曲线 SAC，它们在一定意义上有倒数关系。

3.边际报酬递减规律是短期生产理论中的重要规律，反映的是一种可变要素投入不断变化，与一固定要素搭配时所带来的产量的变化趋势——它所带来的总产量的增加量，即边际产量，先是递增的，然后是递减的。该规律强调的是边际产量最终会递减的特征。

4.长期成本是企业在长期生产中所产生的成本。按投入要素的特征来看，长期成本仅有可变成本。由于长期生产中可以任意调整生产规模，使得长期总成本具备在每一产量水平上可以通过选择最优的规模达到生产该产量的最小成本。长期总成本 LTC 是短期总成本 STC 的包络线。与短期成本比，长期总成本 LTC 总是小于等于短期总成本 STC。同理，长期平均成本 LAC 也是短期平均成本 SAC 的包络线，LAC 呈现 U 形的原因是规模经济。长期边际成本曲线可由相应的平均成本曲线推导，它不是短期边际成本 SMC 的简单包络线。

基本概念

机会成本　隐性成本　正常利润　经济利润　边际报酬递减规律　边际技术替代率　规模经济　外在经济

基础知识练习

一、选择题

1.企业购买生产要素所引起的费用是(　　)。

A.隐性成本　B.显性成本　C.变动成本　D.固定成本

2.利息支付、财产税和折旧都属于(　　)。

A.可变成本　B.固定成本　C.隐成本　D.短期成本

3.小王经营一家企业，他支付给自己的年薪是 6 万元。有人给他找了一份年薪为 10 万元的工作，则小王自己经营的机会成本是(　　)。

A.4 万元　B.6 万元　C.10 万元　D.大于 10 万元

4.假定某机器原来生产产品 X，利润收入为 4 000 元，现在改生产产品 Y 所花的人工、材料费为 1 0000 元，则生产产品 Y 的机会成本是(　　)。

A.4 000 元　B.14 000 元　C.10 000 元　D.无法确定

5.某厂商每年从企业的总收入中取出一部分作为自己管理企业的报酬，这部分报酬属于(　　)。

A.显性成本　B.隐性成本　C.经济利润　D.正常利润

6.会计利润大于经济利润是因为(　　)。

A.会计师往往高估收益　B.经济学家往往高估成本

C.会计师一般忽略隐性成本　D.会计师会做假账

7.成本最小化的均衡条件(　　)。

A.与利润最大化的均衡条件一致　B.为等成本线与等产量线的切线

C.为预算线与无差异曲线的切线　D.以上都正确

8.总成本曲线与可变总成本曲线之间的垂直距离(　　)。

A.随产量减少而递减　　B.等于平均固定成本

C.等于固定成本　　D.等于边际成本

9.对于平均固定成本,以下正确的是(　　)。

A.无论产出水平发生什么变化,它都不变

B.随产量增加而增加

C.曲线是U形的

D.以上都不对

10.已知产量为7个单位时,总成本为69元,当产量增加到9个单位时,平均成本为11元,那么此时的边际成本为(　　).

A.1元　　B.19元　　C.30元　　D.15元

11.短期边际成本曲线(　　)。

A.与平均成本曲线、平均可变成本曲线和平均固定成本曲线的最低点相交

B.与平均总成本曲线和平均固定成本曲线在这些线的最低点相交

C.与平均可变成本曲线和平均固定成本曲线在这些线的最低点相交

D.与平均总成本曲线和平均可变成本曲线在这些线的最低点相交

12.从原点出发与STC线相切的直线的斜率是(　　)。

A.AC线的最低点　　B.等于MC

C.是AVC与AFC之和　　D.以上都正确

13.MC曲线达到最低时,(　　)。

A.MP最大　　B.AVC最小　　C.TC最大　　D.AC最小

14.从原点出发的射线在与TC曲线相切的产量上,必有(　　)。

A.AVC最小　　B.MC＝AVC　　C.AC最小　　D.MC最小

15.一个企业在(　　)时应该选择停业。

A.平均成本的最低点大于价格

B.平均可变成本的最低点大于价格

C.边际成本大于边际收益

D.发生亏损

16.SAC曲线U形特征的原因在于(　　)。

A.MU递减规律　　B.规模经济与不经济

C.边际报酬递减规律　　D.无法确定

17.对应于边际报酬递减阶段,STC曲线(　　)。

A.以递增的速率上升　　B.以递增的速率下降

C.以递减的速率上升　　D.以递减的速率下降

18.长期总成本曲线是各种产量的(　　)。

A.最低成本点的轨迹　　B.最低平均成本点的轨迹

C.最低边际成本点的轨迹　　D.平均成本变动的轨迹

19.当产出增加时,LAC曲线呈下降趋势,这说明该企业处于(　　)。

A.规模的不经济性　　B.规模的经济性

C.边际收益递减　　D.上述都有可能

20.如果具有U形的短期平均成本线的厂商通过工厂的数目翻番而使产量翻番，那么长期平均成本曲线是(　　)。

A.完全有弹性的　　　　B.完全没有弹性的

C.向上倾斜的　　　　D.向下倾斜的

21. 在LAC最低点上(　　)。

A.LAC与LMC相交

B.代表最优规模的SAC曲线过LAC曲线与LMC曲线的交点

C.代表最优规模的SMC曲线通过代表最优规模的SAC曲线的最低点

D.以上都正确

22.农场主投入生产要素土地和劳动进行生产，他种植了40公顷的谷物，边际报酬递减规律告诉我们(　　)。

A.土地不变，增加劳动力，最终土地的边际产量会下降

B.土地不变，增加劳动，最终劳动力的边际产量会下降

C.短期内，劳动的平均产量保持不变

D.短期内，没有可变的投入

23.在规模经济作用下，长期平均成本曲线呈(　　)。

A.下降趋势　　B.上升趋势　　C.将向上移动　　D.将向下移动

24.由于(　　)的作用，才使得平均成本曲线的最低点的出现既慢于又高于平均可变成本曲线的最低点。

A.平均成本　　B.平均可变成本　　C.平均固定成本　　D.边际成本

二、判断题

1.正常利润是显性成本的一部分。(　　)

2.当厂商的经济利润为0时，他没有得到全部的正常利润。(　　)

3.经济学家所计算的利润要比会计师计算的低。(　　)

4.成本函数的形式为C=wL+rK。(　　)

5.MP处于最高点时，AVC处于最低点。(　　)

6.短期内，随着产量的增加，AFC会变得越来越小，于是，AC曲线和AVC曲线之间的垂直距离越来越小，但绝不会相交。(　　)

7.SAC呈U形的原因是边际报酬递减规律的作用。(　　)

8.MC与AC曲线相交于AC曲线的最低点。(　　)

9.AP曲线的最高点和AC曲线的最低点相对应。(　　)

10.在AC曲线最低点的左侧，MC>AC；在其右侧，MC<AC。(　　)

11.已知产量为8个单位时，平均成本为10元，当产量增加到9个单位时，平均成本为11元，此时边际成本为1元。(　　)

12.短期内每一产量上的MC值，即是该产量上TC线的斜率，又是该产量上VC线的斜率。(　　)

13.平均总成本、平均可变成本和平均固定成本都是U形曲线。(　　)

14.只要收益小于成本，厂商都会停产。(　　)

15.在LAC曲线下降的阶段，LAC是SAC最低点的连线。(　　)

16.在长期生产中，厂商总是可以在每一产量水平上找到相应的、最优的生产规模进行生

产，而短期内，厂商做不到这一点。 ( )

17.在任何产量上的长期总成本，绝不会大于该产量上由最优生产规模所决定的短期总成本。 ( )

18. 在规模内在经济作用下，LAC 曲线呈下降趋势。 ( )

19.规模报酬递减，意味着长期平均成本下降。 ( )

20.SAC 曲线总是 LAC 曲线的最低点。 ( )

21.产出增加时，总成本也上升，即为规模不经济。 ( )

22.当在既定的产量下生产成本最小时，所有投入要素的边际产量一定是相等的。( )

三、计算题

1.假定一成本函数为 $TC=Q^3-10Q^2+27Q+66$，写出相应的成本函数中的 TVC、AC、AVC、AFC、MC，并求最小的平均可变成本值。

2.一家油漆公司，固定成本为 2 000，下表为可变成本，计算每单位产量的 AFC、AVC 及 AC，并求出公司的有效规模是多少。

每月油漆房屋数量	1	2	3	4	5	6	7
可变总成本	100	200	400	800	1 600	3 200	6 400

3.假设公司生产产品 A 的产量范围是 200～700，在此范围内，该公司的总成本函数为 $C=2\,830+4\,680Q$。求：

(1)如果该产品的全部市场需求量为 1 000，且所有企业的长期总成本函数都相同，那么占有 50%市场份额的企业比占有 20%市场份额的企业是否有成本优势？为什么？

(2)长期边际成本为多少？

(3)是否存在规模经济？

4.以重油 X 和煤炭 Z 为原料的某电力公司，其生产函数为 $Y=(2X^{1/2}+Z^{1/2})^2$，X、Z 的市场价格分别是 30 和 20，其他生产费用为 50。

(1)求电力产量为 484 时的 X、Z 的投入量及总成本。

(2)求该电力公司的总成本函数。

5.某企业仅生产一种产品，唯一的可变要素是劳动，也有固定成本。短期生产函数为 $X=-0.1L^3+6L^2+12L$，其中，X 是每周产量，单位为吨，L 是雇佣工人数。问：

(1)劳动的平均产量最大时，需雇用多少人？

(2)劳动的边际产量最大时，需雇用多少工人？

(3)平均可变成本最小时，生产多少 X？

(4)每周工资为 360 元，X 的价格为 30 元/吨，当利润最大时，生产多少 X？

(5)如果工资为每周 510 元，则 X 的价格为多少时，企业不扩大或缩小生产？

(6)X 的价格为 10 元/吨，总固定成本为 15 000 元，若企业发现只值得雇用 36 个工人，每周的纯利润是多少？

自我提高测试

一、选择题

1.以下说法中，不正确的有(　　)。

A.MP＞AP 时，AP 上升　　B.MP＜AP 时，AP 达极大值

C.MC＜AC 时，AC 下降　　D.MC＝AC 时，MC 达极大值

2.如果生产 6 单位的产品成本为 54 元，而生产 5 单位的产品成本仅为 40 元，则平均成本(　　)。

A.大于边际成本，且上升　　B.小于边际成本，且上升

C.等于边际成本　　D.大于边际成本，且下降

3.从原点出发的射线与 TVC 相切的产量上不存在(　　)。

A.AVC 最小　　B.MC＝AVC　　C.MC 最小　　D.MC 处于上升阶段

4.对应于边际报酬递减阶段，STC 曲线(　　)。

A.以递增的速率上升　　B.以递增的速率下降

C.以递减的速率上升　　D.以递减的速率下降

5.假如增加 1 单位产量所带来的边际成本大于产量增加前的平均可变成本，那么在产量增加后，平均可变成本(　　)。

A.减少　　B.不变　　C.增加　　D.都有可能

6.对于存在固定成本时的短期生产函数和短期成本函数，下列陈述中错误的是(　　)。

A.MC 的最低点对应于 MP 的最高点

B.AVC 的最低点对应于 AP 的最高点

C.AC 的最低点对应于 TP 的最高点

D.AC 的最低点对应的产量大于 AVC 最低点对应的产量

7.如果没有不变成本，劳动是唯一可变投入，而且劳动的边际报酬不变，则产量随劳动的增加而(　　)，平均成本随产量的增加而(　　)。

A.等幅度增加，上升　　B.以更小幅度增加，上升

C.等幅度增加，保持不变　　D.以更大幅度增加，下降

8.在 LAC 曲线与某一条 SAC 曲线相切之点的产量上，必有(　　)。

A.相应的 LMC 与 SMC 曲线相交之点

B.LAC 曲线达到最低点

C.相应的 LTC 与 STC 曲线相切之点

D.LMC 曲线达到最低点

9.成本极小化的均衡条件(　　)。

A.与利润极大化的均衡条件一致　　B.为等成本与等产量线的切点

C.为预算线与无差异曲线的切点　　D.都正确

10.已知生产函数 $Q=20L+50K-6L^2-2K^2$，且 $P_L=15$，$P_K=30$，$TC=660$，则最优的生产要素组合 L∶K=(　　)。

A.7∶3　　B. 3∶20.5　　C.3∶7　　D. 20.5∶3

二、判断题

1.企业的边际成本与边际产量呈反方向变动。(　　)

2.长期成本曲线上的每一点都与短期成本曲线上的某一点相对应，但短期成本曲线上并非每一点都与长期成本曲线上的某一点相对应。(　　)

3.边际成本曲线达到一定的产量水平后趋于上升，是由边际收益递减规律所造成的。(　　)

4.在边际成本曲线上，与平均成本曲线交点以上的部分构成产品的供给曲线。(　　)

5.如果产量减少到零，成本也将为零。(　　)

6.生产规模扩大导致规模收益递增。(　　)

三、计算题

1.(历年考研真题)对于生产函数 $Q=4KL/(K+L)$，在短期中，令 $P_L=1$，$P_K=2$，$K=2$。

(1)推导出短期总成本、平均成本、平均可变成本及边际成本函数。

(2)求当短期平均成本最小时的短期平均成本值。

2.(历年考研真题)一个企业正在考虑建造两个工厂中的一个，工厂 A 的短期成本函数为 TCA=80+2QA+0.5QA2，工厂 B 的短期成本函数为 TCB=50+QB2。

(1)如果产出为 8 个单位，应当建造哪个工厂？

(2)如果建造工厂 A，需要的产出量为多少？

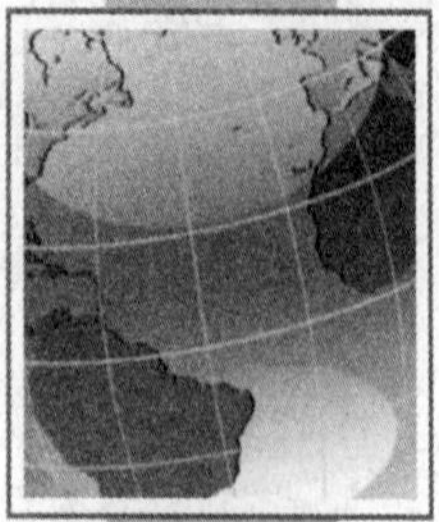

第六章 完全竞争市场

学习框架

- 完全竞争市场
  - 利润最大化原则MR=MC
    - 厂商需求曲线
    - 厂商收益曲线
  - 厂商短期行为
    - 短期均衡
    - 短期供给曲线
      - 厂商供给曲线
      - 行业供给曲线
    - 生产者剩余
  - 厂商长期行为
    - 长期均衡
    - 行业供给曲线

学习摘要

1.市场结构的类型。根据厂商数量、产品差异程度、厂商对价格的控制程度，可以将市场结构分为四类：完全竞争市场、垄断竞争市场、寡头市场和垄断市场。

2.需求和收益曲线。在完全竞争市场中，厂商面临一条从既定价格出发的水平的需求曲线，并且厂商的平均收益曲线、边际收益曲线与厂商需求曲线重合。

3.完全竞争厂商短期均衡和短期供给曲线。在短期，厂商在既定规模下，通过调整产量来实现利润最大化原则，并由此推导出厂商的短期供给曲线为厂商边际成本 SMC 曲线的一部分。将所有厂商的短期供给曲线加总，就可以得到完全竞争行业的短期供给曲线。

4.生产者剩余。由厂商的短期供给曲线可以得到生产者剩余的概念。生产者剩余表示生产者提供一定数量的产品时，他所得到的实际总收入与他所愿意接受的最小总收入之间的差额。

5.完全竞争厂商长期均衡。在长期，完全竞争厂商通过调整全部要素来实现利润最大化原则。完全竞争厂商长期均衡时的利润等于零，且发生在长期平均成本 LAC 曲线的最低点。

6.完全竞争行业长期供给曲线。根据生产要素的价格变动情况，完全竞争行业长期供给曲线有成本不变行业、成本递增行业和成本递减行业。

基本概念

完全竞争市场　短期均衡　短期供给曲线　长期供给曲线　停止营业点　关门点　成本递增行业　成本不变行业　成本不变行业　生产者剩余

基础知识练习

一、选择题

1.完全竞争的市场是指（　　）。

A.市场参与者的购销量只占整个市场交易量的极小一部分

B.市场参与者只能接受价格，而不能影响价格

C.交易的商品是同质的

D.以上全对

2.市场上厂商的数目很多，厂商之间各自提供的产品有差别，厂商对价格有一定的控制权，厂商进入或退出一个行业比较容易，以上描述的是（　　）市场的特征。

A.完全竞争　　B.垄断竞争　　C.垄断　　D.寡头

3.根据完全竞争市场的条件，下列行业中最接近完全竞争行业的是（　　）。

A.自行车行业　　B.服装行业　　C.玉米行业　　D.烟草行业

4.在 MR＝MC 的均衡产量上，企业（　　）。

A.必然得到最大利润

B.必然得到最小利润

C.若获利，则利润最大；若亏损，则亏损最小

D.不可能亏损

5.完全竞争企业面临的需求曲线的特点是（　　）。

A.位置高低不会改变　　B.水平形状不会改变

C.位置高低和水平形状都不会改变　　D.位置高低和水平形状都会改变

6.下列不属于完全竞争企业面临的收益曲线特点的是（　　）。

A.AR 是一条水平直线　　B.MR 是一条水平直线

C.TR 是一条水平直线　　D.AR＝MR

7.在完全竞争厂商中，每个厂商所面临的市场需求曲线（　　）。

A.高于平均收益曲线　　B.等于平均收益曲线

C.大于价格线　　D.小于价格线

8.厂商在停止营业点（　　）。

A.P＝AVC　　B.TR＝TVC

C.企业总损失等于 TFC　　D.以上都对

9.厂商在收支相抵点（　　）。

A.P＝AVC　　B.P＝AC
C.企业总损失等于 TFC　　D.以上都对

10.厂商实现利润最大化的条件是(　　)。
A.MR＝MC　　B.AR＝MR　　C.AR＝AC　　D.MR＝MC＝AR

11.在(　　)情况下，一个完全竞争厂商会处于短期均衡。
A.AVC 是下降的　　B.MR＝SMC　　C.MC 是下降的　　D.AC 是上升的

12.下列不属于完全竞争市场的厂商短期供给曲线特征的是(　　)。
A.AVC＞MC 中的那一部分 AVC 曲线
B.SMC 上大于和等于 AVC 最低点的部分
C.SMC 上大于和等于停止营业点的部分
D.右上方倾斜

13.完全竞争行业的短期供给曲线不具备的特征有(　　)。
A.该行业所有厂商短期供给曲线水平加总得到
B.右上方倾斜
C.与价格所对应的供给量都是最优产量
D.表明价格和供给量成反方向变动的关系

14.在完全竞争条件下，超额利润的存在将导致(　　)。
A.单个厂商产量增加　　B.单个厂商产量减少
C.单个厂商产量不变　　D.整个行业产量不变

15.在完全竞争的条件下，如果在长期某行业中的厂商的商品价格等于长期平均成本，那么，以下正确的是(　　)。
A.新的厂商要进入这个行业
B.原有厂商要退出这个行业
C.既没有厂商进入也没有厂商退出这个行业
D.既有厂商进入也有厂商退出这个行业

16.完全竞争厂商长期均衡条件是指(　　)。
A.MR＝LMC＝SMC＝LAC＝SAC　　B.MR＝LMC＝SMC
C.MR＝AR＝P　　D.SMC＝LAC＝SAC

17.完全竞争厂商长期均衡(　　)。
A.出现在 LMC 最低点
B.单个厂商利润为零
C.商品价格高于最低的长期平均成本
D.是通过调整产量实现的

18.如果一个行业是成本递增行业，则(　　)。
A.生产中使用的要素供给曲线是垂直的
B.行业的长期供给曲线有一正的斜率
C.行业的长期供给曲线有一负的斜率
D.短期平均成本曲线不是 U 形

19.在成本不变的一个完全竞争行业中，长期中需求的增加会导致市场价格(　　)。
A.提高　　B.不变　　C.降低　　D.先增后降

20.成本递减行业的长期供给曲线是(　　)。

A.水平直线　　B.自左向右上方倾斜

C.垂直于横轴的直线　　D.自左向右下方倾斜

二、判断题

1.完全竞争模型毫无意义,因为它的几个假设极不现实。(　　)

2.完全竞争厂商可以通过提高价格来提高利润。(　　)

3.生产者行为目标是产量最大化原则。(　　)

4.完全竞争厂商在任何商品销售量水平上都有:AR=MR=P。(　　)

5.在任何情况下,只要厂商实现了 MR=MC,就一定能获得利润。(　　)

6.完全竞争厂商的短期供给曲线必定是向右上方倾斜的。(　　)

7.完全竞争厂商的 TR 曲线是一条斜率不变的直线,因为完全竞争厂商的 MR 是不变的,它永远等于既定的市格。(　　)

8.完全竞争厂商所面临的需求曲线是一条水平线,它表示完全竞争厂商可以通过改变销售量来影响商品价格。(　　)

9.成本递增行业的长期供给曲线表示,随着供给量的增加,长期供给价格是不变的。(　　)

10.完全竞争厂商面对的需求曲线由市场价格所决定,因而其完全缺乏弹性。(　　)

11.在完全竞争行业中,企业的需求曲线是水平的,所以企业的 MC 曲线也是水平的。(　　)

12.如果一个企业的平均销售收入低于平均成本,则该企业应当停产。(　　)

13.某厂商产量达到 5 万单位时的 MR=65 元,MC=55 元,其他条件一定时,该厂商应该继续扩大产量。(　　)

14.在长期中,完全竞争厂商利润为零使得厂商倾向于退出该行业。(　　)

15.在长期中,完全竞争市场的价格等于最低的长期平均成本。(　　)

16.在长期中,完全竞争市场中的厂商一般都拥有相同的成本曲线。(　　)

17.在完全竞争的行业中,一个代表性企业的需求曲线与平均成本曲线相切,说明它处于长期均衡的位置。(　　)

18.完全竞争市场的产品同质假定意味着在厂商生产的产品中,商标、专利、品牌等的差异是不存在的。(　　)

19.如果一个企业的平均成本达到最小值,说明它已经获得了最大的利润。(　　)

20.在长期中,如果一个行业的成本是不变的,那么市场需求的变化将完全反映在产量的调整上。(　　)

三、简答题

1.完全竞争市场必须具备哪些条件?对这些条件的含义进行解释。

2.为什么利润最大化原则 MR=MC 在完全竞争条件下可以表达为 P=MC?

四、计算题

1.一个完全竞争厂商每天利润最大化的收益为 5 000 美元。此时,厂商的平均成本为 8 美元,边际成本是 10 美元,平均变动成本是 5 美元。试求该厂商每天的产量和固定成本各是多少?

2.某完全竞争企业的成本函数为 $TC=Q^3-9Q^2+81Q+25$,求:

(1)收支相抵价格与停止营业价格。

(2)若产品价格 P=81,求最佳产量和利润。

自我提高测试

一、选择题

1.已知某企业生产的商品价格为 10 元,平均成本为 11 元,平均可变成本为 8 元,则该企业在短期内(　　)。

A.停止生产且亏损　　B.继续生产且存在利润

C.继续生产但亏损　　D.停止生产且不亏损

2.假设在短期中,某个完全竞争企业的总成本函数为 $C=3Q^3-60Q^2+800Q+2\ 000$,那么在其利润最大化产量点上,该企业会(　　)。

A.亏损　　B.盈利　　C.不亏不盈　　D.无法确定是否亏损

3.在一个完全竞争的行业中,假设其成本固定,且使用劳动和资本两种生产要素生产单一产品,如果在短期内资本是固定的,且该行业处于长期均衡中,现在市场上对该产品的需求有一个持续的增长,那么该企业会(　　)。

A.在长期比在短期雇用更少的劳动力

B.在即期市场中雇用更多的劳动力

C.在短期和长期中雇用更多的劳动力

D.在短期中雇用更多的劳动力,在长期使用更多资本

4.假设一个完全竞争的企业的规模收益不变,如果该企业每年可以获得 1 000 元的利润,则(　　)。

A.在长期，它可以获得相同的利润

B.当企业进入这个行业时，它将得不到利润

C.在长期，它可以通过增加一倍投入获得加倍的利润

D.当利润开始减少时，企业可以选择提高价格

5.当一个完全竞争行业实现长期均衡时，每个企业（　　）。

A.显性成本和隐性成本都得到补偿　　B.利润都为零

C.行业中没有任何厂商在进出　　D.以上说法都对

6.由于产出的不可分割，则（　　）。

A.市场供给曲线比单个企业的供给曲线更粗

B.市场供给曲线比单个企业的供给曲线更光滑

C 单个企业的供给曲线不可加总

D.无法获得有效的市场供给曲线

二、判断题

1.市场竞争程度的强弱是微观经济学划分市场类型的标准。（　　）

2.完全竞争厂商是价格的接受者。（　　）

3.完全竞争市场在现实中一定存在。（　　）

4.厂商进入或退出一个行业时，整个行业产量的变化一定引起生产要素价格变动。（　　）

5.完全竞争厂商短期内是不能改变生产规模的。（　　）

6.在完全竞争市场上，SMC 曲线和 SAC 曲线的交点被称为停止营业点。（　　）

7.在完全竞争市场上，SMC 曲线和 AVC 曲线的交点被称为收支平衡点。（　　）

8.如果在一个极短的时期内，一个行业的供给曲线是垂直的，那么市场需求的变化将完全反映在价格的调整上。（　　）

9.规模收益递减与外部不经济都会导致行业的长期供给曲线向右上方倾斜。（　　）

10.完全竞争市场的产品同质意味着，厂商生产的产品的商标、品牌等都是不存在的。（　　）

三、计算题

1.假定某完全竞争的行业中有 500 家完全相同的厂商，每个厂商的成本函数为 $STC=0.5Q^2+Q+10$。试求：

(1)市场的供给函数。

(2)假定市场需求函数为 $Q=4\ 000-400P$，求市场均衡价格。

(3)假定对每单位产品征收 0.9 美元的税，那么，新的市场均衡价格和产量是多少？

2.某竞争行业所有厂商的规模都相等，都是在产量达到 500 单位时达到长期平均成本的最低点 4 元，当用最优的企业规模生产 600 单位产量时，每一个企业的短期平均成本为 4.5 元。市场需求函数为 $Q=70\ 000-5\ 000P$，供给函数为 $Q=40\ 000+2\ 500P$。求解：

(1)市场均衡价格是多少？该行业处于短期均衡还是长期均衡？

(2)当处于长期均衡时，该行业有多少厂商？

(3)如果市场需求变化 Q＝100 000－5 000P，求行业与厂商新的短期均衡价格与产量。在新的均衡点上，厂商是盈利还是亏损？

四、图形分析题

1.短期市场均衡的规则是什么？请推导出来，画图并详细描述四种均衡状态。

2. 画图并描述厂商的长期均衡过程。

3.(历年考研真题)完全竞争行业的短期供给曲线是该行业中厂商的短期供给曲线的水平相加，能否说该行业长期供给曲线也是该行业中厂商的供给曲线的水平相加？

第七章 不完全竞争市场

学习框架

- 不完全竞争市场
  - 垄断
    - 市场条件
    - 市场需求和收益曲线
    - 短期均衡MR=SMC
    - 长期均衡MR=LMC=SMC
  - 垄断竞争
    - 市场条件
    - 市场需求和收益曲线
    - 短期均衡MR=SMC
    - 长期均衡MR=LMC=SMC=LAC=SAC
  - 垄断
    - 市场条件
    - 几个模型

学习摘要

1.垄断市场只有一个厂商，面临的是右下方倾斜的需求曲线。在短期，垄断厂商在既定生产规模下，通过对产量和价格的改变来实现 MR＝SMC 的利润最大化原则。在长期，由于垄断厂商是通过选择最优生产规模来实现 MR＝LMC 利润最大化原则的，所以垄断厂商长期均衡的利润总是大于短期均衡的利润。

2.垄断竞争市场，即竞争和垄断因素共存。垄断竞争厂商存在主观和客观两天需求曲线。在短期，垄断竞争厂商在既定生产规模下，通过对产量和价格的改变来实现 MR＝SMC 的利润最大化原则。在长期，垄断厂商是通过选择最优生产规模来实现 MR＝LMC 利润最大化原则。因为厂商进出行业比较容易，所以长期均衡时厂商的利润为零。

3.在寡头市场上，寡头厂商的行为是相互影响的。这种影响可以通过古诺模型、斯塔克伯格模型、价格领导模型和斯威齐模型来说明。

基本概念

自然垄断　价格歧视　主观需求曲线　寡头　古诺模型　斯威齐模型

基础知识练习

一、选择题

1.在一个垄断企业所面临的一条需求曲线中，平均收益曲线和边际收益曲线之间的关系是(　　)。

A.两者的斜率是相同的　　B.两者的斜率不存在内在的联系

C.前者的斜率是后者的两倍　　D.后者的斜率是前者的两倍

2.如果市场中存在一个垄断者，其长期平均成本超过市场价格，那么企业会选择(　　)。

A.停留在这一营业水平上，尽管其固定成本没有得到补偿

B.停留在这一营业水平上，因为它使资本得到一个正常的报酬

C.歇业并整理资产

D.暂时停业

3. 以下最不可能成为垄断者的是(　　)。

A.一个小镇上唯一的一名医生　　B.可口可乐公司

C.某地区的电力公司　　D.某地区的自来水公司

4. 下列情况中对单一价格垄断者来说不正确的是(　　)。

A.由于只有一个企业，企业的需求就是行业的需求

B.由于没有替代品，需求是缺乏弹性的

C.平均收益曲线是需求曲线

D.边际收益小于价格

5.下列不能成为进入一个行业的壁垒的是(　　)。

A.垄断利润　　B.立法　　C.专利权　　D.资源控制

6.垄断厂商拥有控制市场的权力，这意味着(　　)。

A.垄断厂商面对一条向下倾斜的需求曲线

B.如果垄断厂商的产品增加一个单位，则全部产品的销售价格必须降低

C.垄断厂商的边际收益曲线低于其需求曲线

D.以上都对

7.在(　　)的条件下，垄断者将不再经营。

A.有经济亏损

B.由于政府管制不能使利润最大化

C.价格低于平均可变成本

D.利润最大化的产量水平存在需求富有弹性的区间

8.当成本相同时，垄断厂商和竞争性厂商一致的是(　　)。

A.利润最大化目标　　B.产出水平

C.长期中的经济利润　　D.生产的效率性

9.一个垄断厂商在长期中一直获得经济利润，那么（　　）。
A.该厂商的生产比竞争性市场的厂商更有效率
B.其他厂商无法进入该行业与其竞争
C.政府和垄断厂商之间必定串谋来维持一个高价格
D.垄断厂商的需求曲线缺乏弹性，从而使得其获得更多的收益
10.下列不是垄断竞争市场形成条件的是（　　）。
A.产品有差别　　B.厂商数目相当多
C.厂商生产规模比较小　　D.企业利用国家特权
11.垄断竞争厂商所面对的需求曲线（　　）。
A.是平行于横轴的直线　　B.是垂直于横轴的直线
C.向右下方倾斜　　D.以上结论都正确
12.垄断竞争市场上厂商的短期均衡发生于（　　）。
A.边际成本等于实际需求曲线产生的边际收益时
B.平均成本下降时
C.主观需求曲线与实际需求曲线相交，并有边际成本等于主观需求曲线产生的边际收益时
D.主观需求曲线与平均成本曲线相切时
13.经济学中产品的差别是指（　　）。
A.熊猫电视机与康佳电视机的区别　　B.电视机与收音机之间的差别
C.同种产品之间的差别　　D.不同种产品之间的差别
14.垄断竞争厂商长期均衡的条件是（　　）。
A.MR＝MC
B.MR＝LMC＝SMC＝LAC＝SAC
C.MR＝LMC＝SMC，AR＝LAC＝SAC
D.MR＝LMC＝AMC
15.如果市场由几家厂商支配，则此市场的结构为（　　）。
A.完全竞争　　B.寡头　　C.垄断　　D.垄断竞争
16.厂商之间关系最密切的市场是（　　）。
A.完全竞争市场　　B.寡头垄断市场
C.垄断竞争市场　　D.完全垄断市场
17.垄断竞争不同于寡头，在于它的市场结构为（　　）。
A.在垄断竞争中，厂商不必顾虑其他厂商的反应
B.寡头中不存在竞争
C.寡头是不完全竞争的一种形式
D.在垄断竞争中，厂商面临的需求曲线向下倾斜
18.属于产品差别的是（　　）。
A.同一种产品在质量、构造、外观等方面的差别
B.不同种产品在质量、构造、外观等方面的差别
C.不同一种产品在商标等方面的差别
D.不同种产品在产地等方面的差别

19."边际成本等于价格"是下列(　　)市场结构短期生产的利润最大化原则。

A.完全竞争　　B.垄断竞争　　C.垄断　　D.寡头

20.寡头模型的供给曲线(　　)。

A.是平均总成本以上的边际成本曲线

B.是平均可变成本之上的边际成本曲线

C.是边际收益曲线向右上方倾斜的那一部分

D.不存在

二、判断题

1.一个垄断厂商可以随心所欲地定价,以取得最大利润。(　　)

2.垄断厂商所面临的需求曲线就是市场的需求曲线。(　　)

3.垄断厂商的平均收益曲线和边际收益曲线是重合的。(　　)

4.垄断厂商的需求曲线和收益曲线的特征同样适用于其他非完全竞争厂商。(　　)

5.垄断厂商存在具有规律性的厂商和行业的短期与长期供给曲线。(　　)

6.垄断厂商的长期均衡条件是 MR=LMC=SMC。(　　)

7.垄断厂商对一种产品在不同的市场上收取不同的价格是二级价格歧视。(　　)

8.垄断竞争市场存在许多生产和销售差异产品的厂商。(　　)

9.垄断竞争市场中产品的差异,不仅是指质量、外观等的差异,还包括以消费者想象为基础的任何虚构的差异。(　　)

10.垄断竞争厂商的需求垄断曲线比较陡峭,而垄断厂商的需求曲线相对比较平坦。(　　)

11.垄断竞争厂商的短期均衡条件是 MR=SAC。(　　)

12.垄断竞争厂商的短期供给曲线向右上方倾斜。(　　)

13.垄断竞争厂商在短期内实现均衡时,可以获得最大利润,可以利润为零,也可以蒙受最小亏损。(　　)

14.垄断竞争厂商的 AR 曲线与 MR 曲线相互重合。(　　)

15.垄断竞争厂商在长期均衡时,存在超额利润。(　　)

16.寡头市场中的厂商数量多于垄断竞争市场中的厂商数量。(　　)

17."双头模型"指的是斯塔克伯格模型。(　　)

18.斯塔克伯格模型的任务领导型厂商首先决定价格,其他追随型厂商接受该价格。(　　)

19.斯威齐模型中存在间断的边际收益曲线。(　　)

20.寡头厂商存在两条需求曲线。(　　)

三、简答题

1.垄断市场的条件是什么?

2.垄断竞争市场的条件是什么？

四、计算题

1.假定某垄断者面临的需求曲线为 $P=100-4Q$，总成本函数为 $TC=50+20Q$。求垄断者利润最大化时的产量、价格及利润总额。

2.已知一垄断厂商的成本函数为 $TC=5Q^2+20Q+10$，需求函数为 $Q=140-P$。试求该厂商利润最大化时的产量、价格、利润。

3.已知某垄断厂商短期总成本函数为 $STC=0.1Q^3-6Q^2+140Q+3\,000$，其反需求函数为 $P=150-3.25Q$。求该厂商的短期均衡产量和均衡价格。

自我提高测试

一、选择题

1.若在 d 曲线上某一点的 $E_d=3$，$P=6$，则相应的 MR 为（　　）。

A.MR＝2　　B.MR＝4　　C.MR＝18　　D.MR＝1

2.垄断的供给曲线（　　）。

A.是平均总成本以上的边际成本曲线

B.是平均可变成本之上的边际成本曲线

C.是边际收益曲线向右上方倾斜的那一部分

D.不存在

3.下列情景中不属于价格歧视的是（　　）。

A.航空公司根据订票的早晚制定不同的票价

B.邮寄一个大包裹的要价高于邮寄一个小包裹

C.有的餐厅对有成年人陪同的儿童免收就餐费

D.杂志社对学生收取比一般公众更少的订阅费

4.当垄断竞争厂商处在长期均衡点时，长期平均成本曲线处于（　　）。

A.上升阶段　　B.下降阶段

C.水平阶段　　D.以上三种情况都可能

5.在竞争性市场和垄断市场中，在下列（　　）情况下厂商将扩大其产出水平。

A.价格低于边际成本　　B.价格高于边际成本

C.边际收益低于边际成本　　D.边际收益高于边际成本

6.假设两个企业处于古诺模型的竞争中，如果企业 A 增加产量，那么企业 B 的需求曲线将会（　　）。

A.上升；因此，企业 B 必须降低价格以维持现存的销售量

B.上升；因此，企业 B 必须提高价格以维持现存的销售量

C.下降；因此，企业 B 必须降低价格以维持现存的销售量

D.下降；因此，企业 B 必须提高价格以维持现存的销售量

7.在斯威齐模型中，拐折需求曲线的拐点两边的需求弹性是（　　）。

A.左边弹性大于右边弹性　　B.左边弹性小于右边弹性

C.左边弹性等于右边弹性　　D.以上都有可能

8.下面能够恰当解释当成本上升时产品价格也许没有变化的原因的模型是（　　）。

A.古诺模型，当企业没有统一的反应函数时

B.斯威齐模型，当每个企业都做出价格上升或下降的结果不对称的假设时

C.卡特尔模型

D.价格领袖模型，这个模型主导的是成本低的企业，它有能力经受某种程度的成本上升

9.勾结最有可能在（　　）情况下发生。

A.同一个行业中有许多企业

B.企业之间有很长一段时间都是相互竞争和互动的

C.很难获得其他企业的信息时

D.企业彼此不了解

10.以下都是垄断竞争的特征，其中不属于寡头特征的是（　　）。

A.每个企业面临着向右下方倾斜的需求曲线

B.企业以利润最大化为目标

C.一个企业的销售量对其他企业没有什么影响

D.在该行业中不止一家企业

二、判断题

1.由于垄断对于消费者是件“坏事”，对于生产者是件“好事”，因此，综合起来，我们难以判断它到底是否有效率。（　　）

2.垄断行业由于有规模经济存在，可以比竞争行业产量更高、价格更低。（　　）

3.古诺模型假定行业中只有两个厂商，它们的边际成本既定，且每个厂商都假定另一个厂商的产出数量不变。（　　）

4.垄断竞争行业的供给曲线与完全竞争行业的供给曲线相类似。（　　）

5.斯威齐模型中隐含着的一个假定是：没有一个企业占有支配地位。（　　）

6.自然垄断意味着规模经济在一个产量充分大的范围内仍旧存在。（　　）

7.弯折的需求曲线解释了在寡头垄断情况下市场价格在成本可变情况下是如何被决定

的。（　　）

8.如果一个厂商在长期中获得经济利润，那么这时的价格必不在其 LAC 曲线的最低点。（　　）

9.经济学家用博弈论分析垄断竞争，因为任何一个企业的行为对其他企业都有举足轻重的影响。（　　）

10.垄断竞争下配置效率不完全的原因在于产品差别的存在。（　　）

三、论述题

1.假设一个偏远小镇上只有一家私人诊所，试说明该医生为什么能实行三级价格歧视。

2.(历年考研真题)试比较分析完全竞争市场与完全垄断市场的特征和均衡机制。为什么各国政府都对垄断行为采取一定的限制？

3.(历年考研真题)试从资源配置、价格、产量和福利等方面比较完全竞争与垄断竞争条件下的长期均衡。(要求：画图分析。)

四、计算题

1.某垄断竞争市场中一厂商的长期总成本函数为：$LTC=0.001Q^3-0.425Q^2+85Q$。假设该市场中不存在进入障碍，产量由该市场的整个产品集团调整。如果产品集团中所有厂商按同样比例调整他们的价格，出售产品的实际需求曲线为 $Q=300-2.5P$。

(1)计算厂商长期均衡产量和价格。

(2)计算厂商主观需求曲线上长期均衡点的弹性。

2.(历年考研真题)设一垄断厂商的两种产品的需求函数如下：$Q_1=40-2p_1+p_2$；$Q_2=15+p_1-p_2$。

该厂商的总成本函数为：$C=(Q_1)^2+Q_1Q_2+(Q_2)^2$。

求该厂商取得最大利润时的 Q_1、Q_2、p_1、p_2 和利润 R(其中，符号的定义如下：Q 为产品产量；p为价格；C为成本；R为利润）。

3.（历年考研真题）洗衣市场的日需求曲线为 $Q=-2P+72$，某一家洗衣店的成本函数为 $C=0.1Q^2+40$。请回答如下问题：

（1）上述问题更有可能反映了短期生产还是长期生产？

（2）如果只有一家洗衣店在市场上经营，请问均衡的价格与洗衣数量是多少？利润是多少？

（3）如果洗衣市场是完全竞争的，能否根据已知数据计算出均衡的市场价格与某家洗衣店的洗衣数量？能，是多少？不能，为什么？

（4）假设市场是完全竞争的，市场价格为10元，请问一家洗衣店日洗衣数量为多少件？利润是多少？据此推测该市场的长期趋势。

（5）据此简述完全竞争与安全垄断的任意三条重要区别。

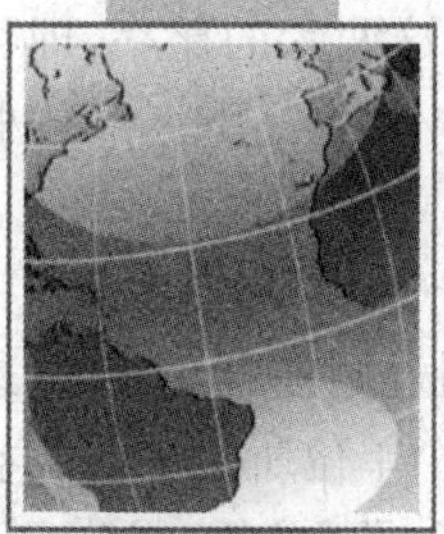

第八章 生产要素价格的决定

学习框架

- 生产要素价格理论
  - 生产要素的使用原则
    - 完全竞争厂商：VMP=W, MP×P=W
    - 卖方垄断厂商：MRP=W, MP×P=W
    - 买方垄断厂商：VMP=MFC
    - 一般表达式：MRP=MFC
  - 要素的供给与工资率地租、利息的决定
    - 要素供给原则
      - 序数效用分析：$\frac{dU/dL}{dU/dY}=W$
      - 基数效用分析：$-\frac{dY}{dL}=\frac{MU_L}{MU_Y}$
    - 劳动供给曲线与工资率的决定
    - 土地的供给曲线和地租的决定
    - 资本的供给曲线和利息的决定
  - 欧拉定理：$Q=L\cdot\frac{\partial Q}{\partial L}+K\cdot\frac{\partial Q}{\partial K}$
  - 洛伦茨曲线和基尼系数：$G=\frac{A}{A+B}$

学习摘要

1.生产要素与生产要素的需求

(1)派生需求。厂商对要素的需求是由人们对要素产出的产品的需求派生出来的，厂商购买生产要素并不是为了满足自身的需求，而是为了生产和出售这些商品以获得收益，所以经济学把厂商对生产要素的需求称为派生需求。

(2)边际产品价值、边际要素成本与边际收益产品。边际产品价值(VMP)是指投入生产要素每增加1个单位所增加的产量(即边际物质产品MPP)的销售值，这一概念通常在完全竞争的产品市场下使用。VMP等于边际物质产品与其销售价格的乘积：VMP＝P×MPP。边际要素成本(MFC)是指可变要素每增加1个单位引起的总成本(TC)的变化。在生产要素市场完全竞争的情况下,边际要素成本等于平均要素成本;当要素为劳动时,边际要素成本即为平均工资率。边际收益产品(MRP)是指总收益的变化与可变要素的变化这两者的比率,即可变要素每增加(或减少)1个单位引起的总收益的增加(或减少),MRP=MPP×MR。这一概念在完全竞争的产品市场下相当于VMP。

2.单个可变要素(劳动)的需求

(1)完全竞争的产品市场。①利润极大化条件:在要素市场上,厂商通过调整可变要素(这里是劳动)投入量以实现最大利润的条件,厂商雇用的劳动总量的最后一个单位所带来的收益(边际产品价值)恰好等于他增加雇用的最后一个单位劳动所付出的工资,即VMP=MFC=W。②厂商生产应当处于VMP曲线的递减阶段。③完全竞争厂商对一种可变要素的需求曲线:VMP曲线递减阶段中位于VAP曲线最高点下面的部分可以用来表达厂商对要素的需求曲线,即需求曲线向右下方倾斜且和VMP曲线重合,d=VMP。④完全竞争行业对一种可变要素的需求曲线:当要素价格下降(或上升)时,单个厂商对该要素的需求曲线会向左(或向右)移动。将行业中变化后的单个厂商需求加总,即可得到要素价格变化后对应的整个行业对要素的需求量。由此,各个要素价格对应的整个行业要素需求量即为行业的要素需求曲线,该曲线比单个厂商的需求曲线更为陡峭。

(2)非完全竞争产品市场。非完全竞争厂商对一种可变要素的需求曲线:与完全竞争产品市场的厂商对一种可变要素的需求曲线可以由劳动的边际产品价值(VMP)曲线来表示一样,非完全竞争的产品市场的厂商对劳动的需求曲线可以由要素的边际收益产品(MRP)曲线来表示。

3.两种(资本和劳动)或更多要素可变条件下厂商对要素的需求

(1)完全竞争的产品市场。在资本投入可变条件下,工资率下降将对劳动要素的需求产生三种效应:①替代效应,使VMP曲线向左移动;②产出效应,使VMP曲线向右移动;③利润极大化效应,使VMP曲线向右移动。其总效应是使VMP曲线向右移动。由此,可以得出不同工资率所对应的劳动需求,即完全竞争产品市场下厂商对劳动的需求曲线。该曲线不是某一特定工资率所对应的VMP曲线,而是比这些曲线更加陡峭的曲线。

(2)非完全竞争的产品市场。与完全竞争的产品市场相比,考察的不再是VMP曲线,而是MRP曲线,其余则类似。

(3)多种可变要素下厂商利润最大化的条件:假设有A、B、C三种要素来生产产品X,则应当满足$\frac{P_A}{MPP_A}=\frac{P_B}{MPP_B}=\frac{P_C}{MPP_C}=MC_X=P_X$。

4.生产要素的供给与要素价格的决定

(1)完全竞争的生产要素市场。①需求方面:分为完全竞争的产品市场和不完全竞争的产品市场两种情况。②供给方面:供给曲线是由该行业(市场)有关要素提供者(劳动者)的供给曲线加总而成。③均衡价格与使用量:供给曲线与完全竞争或非完全竞争产品市场下的需求曲线相交,即得到均衡的生产要素价格和使用量。

(2)非完全竞争的生产要素市场:买方垄断(独家买主)。①要素使用原则:VMP=MFC。②使用量由MFC曲线与VMP的交点来决定。③工资率为要素使用量在S曲线上所对应的工资率。

基本概念

经济地租　　准租金　引致需求　边际收益产品　洛伦茨曲线　恩格尔系数
生产者剩余　　欧拉定理　卖方寡头

基础知识练习

一、选择题

1.拥有 VMP 曲线的厂商是(　　)。

A.完全竞争要素市场中的厂商　　B.完全竞争产品市场中的厂商

C.非完全竞争要素市场中的厂商　　D.非完全竞争产品市场中的厂商

2.MRP 曲线向右下方倾斜是为(　　)。

A.MR 是随产量增加而递减的　　B.MP 是随要素增加而递减的

C.MR 和 MP 都是递减的　　D.以上都不是

3.生产要素的需求是一种(　　)。

A.派生需求　　B.联合需求　　C.最终需求　　D.A 和 B

4.生产要素的需求曲线之所以向右下方倾斜,是因为(　　)。

A.要素的边际收益产品递减　　B.要素生产的产品的边际效用递减

C.要素参加生产的规模报酬递减　　D.以上均不正确

5.假设生产某种产品需要使用 A、B、C 三种生产要素,当 Z 的投入量连续增加时,它的边际物质产品(　　)。

A.在技术条件 B 和 C 的投入量不变时下降

B.在技术条件不变但 B 和 C 的数量同比例增加时下降

C.在任何条件下都下降

D.以上都不对

6.所有厂商对某种要素的需求曲线,与单个厂商对这种要素的需求曲线相比(　　)。

A.前者与后者重合　　B.前者比后者陡峭

C.前者比后者平坦　　D.无法确定

7.由各个个别厂商要素需求曲线横向加总得到的市场需求曲线,在它的下部应该往里偏转,即应该做顺时针偏转,这是因为(　　)。

A.每个厂商要素使用量都增加时,产量增加,因而产品价格会下降

B.每个厂商要素使用量都增加时,要素价格上升了

C.既有要素价格上涨也有产品价格下降

D.以上都不对

8.假定在完全竞争的要素市场上各种要素的价格、产品的价格和边际收益均等于 4 元,且此时厂商得到最大利润,则各种生产要素的边际物质产品为(　　)。

A.2　　B.1　　C.4　　D.不可知

9.如果 MFCF＞PF,则该厂商为(　　)。

A.寡头购买者　　B.垄断竞争者　　C.垄断购买者　　D.以上都不是

10.如果劳动的边际产值大于工资率,下列最有可能的情况是(　　)。

A.产品市场的垄断　　B.产品市场的竞争

C.要素市场的垄断　　D.A和C

11.如果投入A、B、C共同来生产产品X,那么投入A的边际产量是(　　)。

A.投入1单位A,同时按一定比例增加投入B和C所得到的额外产出

B.投入B和C的数量保持不变,再增加1单位X所需要的A

C.投入B和C的数量保持不变,再增加1单位A所带来的X的增加量

D.投入B和C的数量按一定比例增加,生产1单位X所需要的A的数量

12.考虑一家垄断企业。投入品A的价格是10元,边际产量是5,产品价格是2元。这个企业的产量(　　)。

A.未达到利润最大化,应该扩大产量

B.未达到利润最大化,应该减少产量

C.在成本最小条件下生产了利润最大化产量

D.生产出利润最大化产量,但是成本未达最小化

13.根据收入分配理论,如果使用10单位某种特定的投入物,那么支付给每单位此种投入物的价格等于(　　)的价值。

A.10单位中每一个单位的边际产量的平均值

B.其自身的边际产品

C.第10个单位的边际产品

D.10个单位的平均产量

14.洛伦茨曲线代表了(　　)。

A.贫困的程度　　B.税收体制的效率

C.收入不平均的程度　　D.税收体制的透明度

15.如果收入是平均分配的,则洛伦茨曲线(　　)。

A.与横轴重合　　B.与45°线重合　　C.与纵轴重合　　D.难以确定

16.基尼系数可以从洛伦茨曲线中计算,基尼系数变大表示(　　)。

A.洛伦茨曲线向45°线移动　　B.不平均增加

C.不平均减少　　D.不平均没有改变

17.如果收入是完全平均分配的,基尼系数将等于(　　)。

A.1.0　　B.0.50　　C.0.25　　D.0

18.边际收益产出能够测算出(　　)。

A.1单位额外劳动力所带来的产量的增加

B.1单位额外产量所带来的总收益的增加

C.1单位额外产量所带来的单位收益的增加

D.1单位额外劳动力所带来的总收益的增加

19.劳动力派生需求取决于(　　)。

A.产品中所使用的生产要素的成本

B.劳动力市场供给曲线

C.劳动力生产的最终商品的消费者需求

D.公司总收益减去经济利润

20.如果产品需求下降,用于生产产品的劳动力需求曲线将(　　)。

A.左移　　B.右移　　C.上移　　D.下移

21.饭店老板将雇用服务员,如果(　　)。

A.额外工人的工资接近最低工资

B.边际产出在最大值

C.额外雇员使总收益增加的程度大于总成本增加的程度

D.服务员不属于工会

22.在完全竞争市场中,劳动力需求曲线(　　)。

A.向上倾斜　　B.因边际生产率递减而向下倾斜

C.在均衡工资率处完全富有弹性　　D.以上三项都是

23.获得额外1单位生产要素所需的额外成本,称为(　　)。

24.准租金(　　)。

A.等于企业的总利润　　B.比企业的总利润

C.比企业的总利润小　　D.以上都有可能

25.随着一国总人口的增长,越来越多的青少年成长为劳动力,这促进劳动的供给曲线(　　)。

A.右移　　B.左移　　C. 不移动　　D.以上均不是

二、判断题

1.当某完全竞争厂商使用劳动要素达一定量时,VMP=500元,w=450元,则该厂商应减少劳动的使用量。(　　)

2.厂商对生产要素的需求是一种引致的、共同的需求。(　　)

3.完全竞争厂商的要素需求曲线和MP曲线重合。(　　)

4.完全竞争厂商使用要素的原则是VMP=w。(　　)

5.劳动的市场供给曲线是一条向右上方倾斜的曲线。(　　)

6.随着工资的提高,单个劳动者提供的劳动越来越多。(　　)

7.在土地的供给曲线中,有一段“向后弯曲”。(　　)

8.所谓准租金,就是对供给量暂时固定的生产要素的支付,即固定生产要素的收益。(　　)

9.土地的供给曲线是一条垂直于横轴的直线,这是因为土地供给是不变的。(　　)

10.基尼系数越大,表明收入分配越不平等。(　　)

三、简答题

1.简述完全竞争厂商使用生产要素的原则。

2.试述产品市场理论与要素市场理论的异同(在微观经济研究框架内)。

3.简析完全竞争厂商使用要素的原则。

4.简析生产要素供给的原则。

5.劳动供给曲线为什么向后弯曲?

6. 土地的供给曲线为什么是垂直的?

四、计算题

1.设一厂商使用的可变要素为劳动 L,其生产函数为:$Q=-0.01L^3+L^2+38L$。其中,Q 为每日产量,L 是每日投入的劳动小时数,所有市场(劳动市场及产品市场)都是完全竞争的,单位产品价格为 0.10 美元,小时工资为 5 美元,厂商要求利润最大化。厂商每天要雇用多少小时劳动?

2.某劳动市场的供求曲线分别为:$D_L=4\,000-50W$;$S_L=50W$。请问:

(1)均衡工资为多少?

(2)假如政府对工人提供的每单位劳动征税 10 美元,则新的均衡工资为多少?

(3)实际上对单位劳动征收的 10 美元税收由谁支付?

(4)政府征收到的税收总额为多少?

3.一厂商生产某产品,其单价为 15 元,月产量为 200 单位,产品的平均可变成本为 8 元,平均不变成本为 5 元。试求准租金和经济利润。

自我提高测试

一、选择题

1.已知生产要素的组合是10A－30B－20C，产量是200。如果生产要素的组合变成10A－31B－20C，产量增加到203，则(　　)。

A.要素A的边际物质产品等于3　　B.要素B的边际物质产品等于3

C.要素C的边际物质产品等于3　　D.以上都不对

2.假定生产要素A、B、C的边际物质产品分别是12、8、2，它们的价格分别是6、4、1，那么这一生产要素的组合(　　)。

A.是最小成本的组合

B.不是最小成本的组合

C.是不是最小成本的组合，视不同产品和要素市场而定

D.是不是最小成本的组合，视不同要素市场而定

3.一个企业在非完全竞争市场下运行。产品的一种生产要素A的价格是10元，它的边际产量是5，根据利润最大化原则，出售产品X的边际收益肯定等于(　　)。

A.1　　B.10　　C.2　　D.5

4.根据第3题给出的信息，投入A的边际收益产品一定是(　　)。

A.1　　B.10　　C.2　　D.5

5.第3题中的企业还使用投入要素B，其边际收益产品是100，投入B的价格一定等于(　　)。

A.10　　B.100　　C.200　　D.5

6.在完全竞争市场中，旋转公司以10美元/个的价格销售洋娃娃。当工人数量从100个上升到101个时，产量从每天500个洋娃娃上升到510个洋娃娃。当工资为(　　)时，旋转公司应该雇用第101个工人。

A.每天100美元或更少　　B.每天多于100美元

C.每天5.1美元或更少　　D.以上三项都不是

二、计算题

1.在产品和要素市场中，完全竞争的厂商雇用1个劳动日的价格是20元，厂商的生产情况如下：

某厂商雇用的劳动日数与产出数

劳动日数	3	4	5	6	7	8
产出数	6	11	15	18	20	21

假设每个产品的价格是10元，问：该厂商应雇用多少个劳动日？

2.设一厂商使用的可变要素为劳动 L,其生产函数为:$Q=-0.01L^3+L^2+36L$。式中,Q 为每日产量,L 是每日投入的劳动小时数,所有市场(劳动市场及产品市场)都是完全竞争的,单位产品价格为 10 美分,小时工资为 4.80 美元。

试求当厂商利润最大化时:(1)厂商每天要雇用多少小时劳动?(2)如果厂商每天支付的固定成本为 50 美元,厂商每天生产的纯利润为多少?

3.假设某特定劳动市场的供需曲线分别为:$D_L=6\,000-10W$,$S_L=100W$,则:

(1)均衡工资为多少?

(2)假如政府对工人提供的每单位劳动课以 10 美元的税,则新的均衡工资变为多少?

(3)实际上对单位劳动征收的 10 美元税收由谁支付?

(4)政府征收到的总税收额是多少?

4.一厂商生产某产品,单价为 10 元,月产量为 100 单位,每单位产品的平均可变成本为 5 元,平均不变成本为 4 元。试求其准租金和经济利润。两者相等吗?

三、分析说明题

1.试评述以下两种观点:一种观点是"土地价格的上涨导致房屋价格的涨";另一种观点是"房屋价格的上涨导致土地价格的上涨"。

2.假定某一方面经济原处于全面均衡状态,如果某种原因使商品 X 的市场供给 S 增加,试分析:

(1)X 商品的替代品市场和互补品市场有什么变化?

(2)生产要素市场上会有什么变化?

(3)收入的分配会有什么变化?

3.如何从要素供给原则推导要素供给曲线?

第九章 一般均衡论和福利经济学

学习框架

- 一般均衡论和福利经济学
  - 一般均衡论
    - 局部均衡和一般均衡
    - 瓦尔拉斯一般均衡论
  - 一般均衡与效率：福利经济学
    - 福利经济学概述
    - 帕累托最优状态：经济效率
    - 帕累托最优状态的实现条件
      - 交换的帕累托最优
      - 生产的帕累托最优
      - 交换与生产的帕累托最优
    - 完全竞争与帕累托最优
      - 福利经济学第一定理
      - 福利经济学第二定理
  - 社会福利问题：效率与公平
    - 社会福利最大化与最大效用可能性边界
    - 社会福利与个人偏好
      - 阿罗不可能定理
      - 社会福利函数
    - 社会福利：效率与公平的衡量

学习摘要

1.瓦尔拉斯的一般均衡模型

一般均衡分析从微观经济主体行为的角度出发，考察每一种产品和每一种要素的供给和需求同时达到均衡状态所需具备的条件和相应的均衡价格以及均衡供销量应有的量值。法国经济学家瓦尔拉斯首创了一般均衡理论体系，他认为经济社会是由相互联系的各个局部组成的体系，当消费者偏好、要素供给和生产函数为已知时，就能从数学上论证所有商品市场和要素市场同时达到均衡状态，即整个经济可以处于一般均衡状态。在这种状态下，所有商品和要素的价格与数量都有确定的量值，均衡条件是消费者的效用极大化和生产者的利润极大化，所有市场的供需总量相等。简单的瓦尔拉斯一般均衡模型由四个方程组表示：商品需求方程、要素需求方程、厂商供给方程和要素供给方程。由于模型假定要素收入等于产品销售价值，因而这四个方程组中必定有一个方程不是独立的。通过令任一商品为货币商品并以此货币商品定义其他商品和要素的价格，便可使模型的未知数数目与相互独立的方程式数目相一致，从而满足方程组即模型有解的必要条件。瓦尔拉斯模型的实施机制是拍卖者假定。数学上证明出一般均衡状态的存在，并不意味着实际的经济体系可以达到一般均衡状态。拍卖人的任务就是发现并确定使市场供求一致的均衡价格。拍卖人不断修正报出价格，使得家庭和厂商在此价格上的需求量和供给量不断趋向一致，直到最后相等。这个过程被称为“试探过程”。瓦尔拉斯的一般均衡思想使人们将视角扩大到人类的全部活动中去，探索在日益繁多的经济活动的相互作用中是否存在着一种自发的和谐机制使各种活动趋于均衡。

2.帕累托最优与实现条件

以帕累托等人为代表的新福利经济学则建立在序数效用论的基础上。帕累托提出了被后人称为帕累托最优状态的社会经济福利检验标准：假如任何重新改变资源配置的方法已经不可能在无损于任何一个人的前提下使任何一个人的处境较从前变好，这就意味着一个社会在既定的生产技术和既定的每个消费者偏好函数条件下，生产资源的配置已达到最适度状况，也就是耗用一定总量的生产资源于各种不同途径所生产出来的国民收入已达到极大值。要使社会经济达到帕累托最优状态所需具备的条件，则在交换方面，任何一对商品之间的边际替代率对任何使用这两种商品的个人来说都相等，即：$MRS^A_{XY}=MRS^B_{XY}$；在生产方面，任何一对生产要素之间的边际技术替代率在用这两种投入要素生产的所有商品的生产中都相等，即：$MRS^C_{LK}=MRS^D_{LK}$。

在生产与交换两者之间，生产任何一对商品的边际转换率等于消费这两种商品的每个人的边际替代率，即$MRS_{XY}=MRT_{XY}$。完全竞争的市场结构能保证实现这些条件。对于两种商品、两种要素、两个人的简化一般均衡模型，可以在平面坐标上用埃奇沃斯盒状图直观地描述一般均衡情况。契约曲线为两组无差异曲线间切点的轨迹，其上各点均表示满足交换条件的交换均衡点（见图 9－1），生产契约曲线为两组等产量线间切点的轨迹，其上各点均表示满足生产条件的生产效率点。将契约曲线转换到以效用为坐标量的平面直角图上便可得到效用可能性曲线，将生产契约曲线转换到以商品为坐标量的平面直角图上便可得到转换曲线（生产可能性曲线）（见图 9－2）。由瓦尔拉斯创立的一般均衡理论阐明了经济中各个市场相互联系和相互依存的一般关系，而由里昂惕夫提出的投入产出模型则提供了有效的实证应用工具。

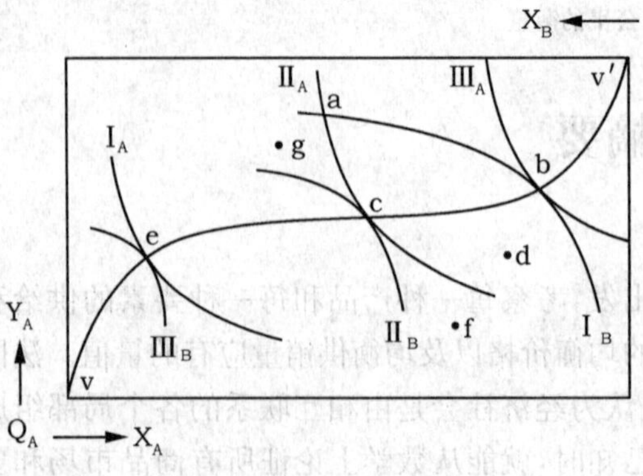

图 9－1

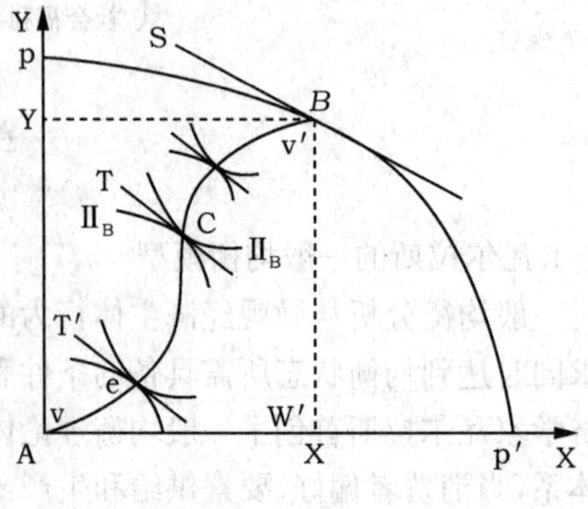

图 9－2

3.福利经济学属于规范经济学的范畴

福利经济学是指从微观经济主体的行为及其相互联系的角度出发，考察一个社会全体成员的经济福利问题。具体来说，福利经济学是从生产资源有效率的配置和国民收入在社会成员之间的分配这两个方面来研究一个国家实现最大社会经济福利所需具备的条件以及国家为了增进社会福利应有的政策措施。福利经济学的社会目标不是由理论分析决定的，而是有伦理性质，它不是事实判断，而是假设。它假设社会目标是社会大多数人所能接受的社会伦理目标。有了假定的社会目标，就可以对经济体系的运行进行社会评价。一般来说，福利经济学有三大社会目标：(1)最大的选择自由。选择自由是指经济领域里的选择自由，但是，福利经济学在强调自由的同时，也指出自由是相对的。(2)最高的经济效率。在既定的资源技术和消费者偏好下，通过资源的最优配置和利用达到最高的经济效率，经济效率使个人收入实现最大化，个人欲望就能获得最大满足，社会获得福利最大化。(3)公平的收入分配。在不牺牲效率的前提下实现公平的收入分配是福利经济学的重要社会目标。

基本概念

局部均衡　一般均衡　契约曲线　生产可能性边界　帕累托最优状态　帕累托改进

基础知识练习

一、选择题

1.当最初的变化影响广泛分散到很多市场且每个市场只受到轻微的影响时，以下正确的是(　　)。

A.要求用一般均衡分析

B.一般均衡分析很可能推出错误的结论

C.局部均衡分析很可能推出错误的结论

D.局部均衡分析将提供合理、可靠的预测

2.被西方经济学界推崇为“福利经济学之父”的是(　　)。

A.霍布森　　B.庇古　　C.帕累托　　D.埃奇沃斯

3.假定经济中只存在两个人(A 和 B)、两种商品(X 和 Y)，则达到交换全面均衡的条件是(　　)。

A.对于 A 和 B，$MRS_{XY}=P_X/P_Y$　　B.对于 A 和 B，$MRS_{XY}=MRTS_{XY}$

C.对于 A 和 B，$MRS^A_{XY}=MRS^B_{XY}$　　D.上面三个条件都是

4.假定一个经济，在其中只有两种商品(X 和 Y)、两种生产要素(L 和 K)，则达到生产的全面均衡的条件是(　　)。

A.$MRTS_{LK}=P_L/P_K$　　B.$MRTS_{LK}=MRS_{XY}$

C.$MRTS^X_{LK}=MRTS^Y_{LK}$　　D.$MRT_{XY}=MRS_{LK}$

5.假定存在一个经济，其中有两个人(A 和 B)、两种商品(X 和 Y)，则生产和交换的全面均衡条件是(　　)。

A.$MRT_{XY}=MRS^A_{XY}=MRS^B_{XY}$　　B.$MRT_{XY}=\dfrac{P_X}{P_Y}$

C.$MRS_{XY}=\frac{P_X}{P_Y}$　　D.$MRS_{XY}^A=MRS_{XY}^B$

6.如果有关的商品是互补品，则局部均衡分析会(　　)税收的作用。

A.低估　B.高估　C.正确估计　D.以上三种均有可能

7.一般均衡论的证明要依赖的假设条件是(　　)。

A.完全竞争市场的假设　B.回避规模收益递增的假设

C.拍卖人假设　D.以上都是

8.下列符合帕累托改进原则的是(　　)。

A.通过增发货币增加部分人员工资　B.在增加国民收入的基础上增加部分人员工资

C.用增加的税收增发部分人员工资　D.A 和 B

9.小李有 5 个鸡蛋和 5 只苹果，小陈有 5 个鸡蛋和 5 只苹果，小李更喜欢鸡蛋，小陈更喜欢苹果。在帕累托状态下，可能(　　)。

A.小李消费更多的鸡蛋

B.小陈消费更多的苹果

C.两人的苹果和鸡蛋的边际替代率相等

D.上面说得都对

10.两种产品在两个人之间进行分配，被称为帕累托最适度的条件为(　　)。

A.不使其他人受损失就不能使另一个人受益

B.每个人都处在其消费契约曲线上

C.每个人都处在他们的效用可能性曲线上

D.包括以上所有条件

11.生产可能性曲线是从(　　)推导而来的。

A.无差异曲线　B.生产契约曲线　C.消费约束曲线　D.社会福利曲线

12.外溢效应可以产生于(　　)。

A.人的消费行为而不是生产行为　B.人的生产行为而不是消费行为

C.人的消费行为和生产行为　D.以上都不正确

13.生产契约曲线上的点表示生产者(　　)。

A.获得了最大利润

B.支出了最小成本

C.通过生产要素的重新配置提高了总产量

D.以上都正确

14.转换曲线是从(　　)导出的。

A.消费契约曲线　B.效用可能性曲线

C.生产可能性曲线　D.生产契约曲线

15.如果尚未达到社会生产可能性边界，$(MRS_{XY})_A=(MRS_{XY})_B<MRT_{XY}$，则应该(　　)。

A.增加 X　B.增加 Y　C.增加 X，减少 Y　D.增加 Y，减少 X

16.下面不属于贫困救济范畴的计划是(　　)。

A.向低收入者提供廉价住房计划　B.食品补助票计划

C.医疗救济计划　D.社区公共设施建设计划

17.下面最容易沦入贫困阶层的家庭是(　　)。

A.单身汉家庭　　B.三代同堂的家庭

C.由夫妻组成的小家庭　　D.单身母亲和孩子的家庭

18.周期性失业的发生一般是由于(　　)。

A.低生产率　　B.意愿需求的变化

C.劳动力市场的歧视　　D.缺少人力资本

19.假定对于红茶和咖啡，A 更喜欢红茶，B 更喜欢咖啡，两种饮料的价格对于两人是相同的，在效用最大化时，以下说法正确的是(　　)。

A.A 的红茶对咖啡的边际替代率比 B 大

B.B 将消费比他拥有的更多的咖啡

C.两人的边际替代率相等

D.上述说法都不正确

20.当政府决定对救济接受者的收入免税时，实际上是在(　　)。

A.有意提高接受者对工作的兴趣　　B.帮助受救济者偷税

C.减少了他们的工作热情　　D.在制订福利计划时的一种随意决定

二、判断题

1.局部均衡分析是对经济中所有的相互作用和相互关系的分析。(　　)

2.瓦尔拉斯均衡定律要求超额需求函数本身为零。(　　)

3.研究市场之间相互作用的分析被称为局部均衡分析。(　　)

4.在经济处于全面均衡状态时，某种商品的供给量的增加将导致其替代品的市场价格上升。(　　)

5.社会上存在 n 种物品，如果 $n-1$ 种物品的市场已经处于均衡，则第 n 种物品的市场必然处于均衡。(　　)

6.瓦尔拉斯的一般均衡模型成功证明了一般均衡的存在性。(　　)

7.契约曲线得名于它是所有可能契约的轨迹。(　　)

8.为了达到帕累托最优状态，必须使任何使用某两种投入要素的两个厂商的该要素间的边际技术替代率相等，即使这两个厂商生产的产品很不相同。(　　)

9.契约曲线显示了所有可以进行贸易的点。(　　)

10.对福利极大化来说，完全竞争长期一般均衡既是必要的，又是充分的。(　　)

三、分析说明题

1.一般均衡论的缺点是什么?

2.为什么说边际转换率和边际替代率不相等时，资源没有达到有效配置?

3.假如一个经济原来处于全面均衡状态，如果某种原因使得商品 A 的市场供给量减少，那么：

(1)A 商品的替代品市场和互补品市场会有什么变化？

(2)在生产要素市场上有什么变化？

4.为什么说即使两个厂商生产的产品不同，要达到帕累托最优状态，必须使任何使用这两种生产要素的两个厂商的这两种生产要素的边际技术替代率相等？

5.为什么说完全竞争的市场机制满足帕累托最优状态？

6.论述一般均衡论的发展。

7.说明福利经济学在西方经济学中的地位。

8.论述生产和交换的一般均衡的条件。

自我提高测试

一、计算题

1.已知商品 X 的生产函数为 $X=5L^{0.4}K^{0.6}$，而商品 Y 的生产函数为 $Y=4L^{0.5}K^{0.5}$，若社会上有 $\bar{L}=100$，$\bar{K}=200$，且只生产 X 与 Y 商品，试问：该社会的生产契约曲线是什么？

2.现在假设一个经济中只有一个生产者不是处于帕累托最优状态，其余均处于帕累托最优状态，并且我们假定该生产者在其产品市场上是一个完全垄断者，在其生产产品的要素市场上也是一个垄断卖方。假设他的生产函数为Q=2L(L为唯一的生产投入要素),该厂商的产品的需求函数为P=100-5Q,投入要素L的供给函数为W=32+L。计算:

(1)当该生产者达到最大化时,产品的价格、生产的产量、投入要素的需求量和投入要素的价格是多少?

(2)假如该生产者满足帕累托最优状态,则产品的价格、生产的产量、投入要素的需求量和投入要素的价格又是多少?

3.如果决定两个人的效用可能性曲线的公式是:$U_A+2U_B=100$,画出这条曲线,并求:

(1)若要使社会福利最大化,当社会福利函数为$W(U_A,U_B)=\max(U_A,U_B)$时,社会福利最大时的U_A和U_B分别是多少?

(2)若把社会福利函数定义为$W(U_A,U_B)=\min(U_A,U_B)$,当社会福利函数最大时,U_A和U_B分别是多少?

(3)若社会福利函数是$W(U_A,U_B)=(U_A\cdot U_B)^{\frac{1}{2}}$,社会福利最大时的$U_A$和$U_B$是多少?

4.在某个由X、Y两种产品和A、B两个消费者及一个企业构成的生产经济中,A、B的效用函数及产品初期保有量分别是:$U_A=4X_A^2Y_A$,$E_A=(12,0)$;$U_B=8X_BY_B^2$,$E_B=(18,0)$。

企业用X生产Y,生产函数为$Y=\frac{1}{2}X$,企业利润均等地分配给A和B。求:

(1)表示该经济效用边界的关系式。

(2)均衡状态下两种产品的价格比,并求其资源配置。

5.由A、B两人及X、Y两产品构成的经济中,A、B的效用函数分别为:$U_A=X\cdot Y$,$U_B=40(X+Y)$,X、Y的存量为(120,120),该经济的社会福利函数为$W(U_A,U_B)=U_A\cdot U_B$。求:

(1)该经济的效用边界。

(2)社会福利最大化时的资源配置。

二、分析说明题

1.阅读以下材料,联系实际情况,运用所学理论进行评析。

汽油价格与小型汽车的需求

如果市场对某几种产品的需求相互影响,可能出现什么情况呢?其中一种情形就是,导致一种产品价格发生变化的因素将同时影响对另一种产品的需求。例如,在20世纪70年代,美国的汽油价格上升,这一变化马上对小型汽车的需求产生了影响。

回顾20世纪70年代，美国市场的汽油价格两次上升，第一次发生在1973年，当时石油输出国组织切断了对美国的石油输出；第二次是在1979年，由于伊朗国王被推翻而导致该国石油供应瘫痪。经过这两个事件，美国的汽油价格从1973年的每加仑1.27美元猛增至1981年的每加仑1.40美元。作为“轮子上的国家”，石油价格急剧上升当然不是一件小事，美国人面临一个严峻的节省汽油的问题。

既然公司和住宅的距离不可能缩短，人们只好继续奔波于两地之间。美国司机找到的解决办法之一就是放弃自己的旧车，在购置新车时选择较小型的汽车，这样，每加仑汽油就可以多跑一段距离。

分析家们根据汽车的大小来分类确定其销售额。就在第一次汽油价格上升之后，每年大约出售250万辆大型汽车、280万辆中型汽车以及230万辆小型汽车。到了1985年，这三种汽车的销售比例出现明显变化，当年售出150万辆大型汽车、220万辆中型汽车以及370万辆小型汽车。由此可见，大型汽车的销售自20世纪70年代以来迅速下降；反过来，小型汽车的销售却持续攀升，只有中型汽车勉强维持了原有水平。

对于任何产品的需求曲线均假设其互补产品的价格保持不变。以汽车为例，它的互补产品之一就是汽油。汽油价格上升导致小型汽车的需求曲线向右移动，与此同时，大型汽车的需求曲线向左移动。

造成这种变化的原因是显而易见的。假设你每年需要驾驶15 000英里，每加仑汽油可供一辆大型汽车行驶15英里，如果是一辆小型汽车就可以行驶30英里。这就是说，如果你坚持选择大型汽车，每年你必须购买1 000加仑汽油；如果你满足于小型汽车，你只需购买一半的汽油，也就是500加仑就够了。当汽油价格处于1981年的最高点，即每加仑1.40美元的时候，选择小型汽车意味着每年可以节省700美元。即便你曾经是大型汽车的拥护者，在这种情况下，在每年700美元的数字面前，你觉得有必要重新考虑一下小型汽车吗？

2. 阅读以下材料，联系实际情况，运用所学理论进行评析。

改革开放以来，在邓小平提出的“让一部分人先富起来”的思想引导下，我国沿海地区一部分人通过自己的勤奋努力开始摆脱贫困，走上了富裕之路，对中国经济的腾飞起到了很大的促进作用。但随着改革开放的深入，在由计划经济到市场经济转型的过程中，中国地区之间、城乡之间、行业之间的收入差距在不断拉大。据测算，我国居民个人收入的基尼系数1996年为0.424，1998年为0.465，2000年变为0.458。根据国际标准，基尼系数在0.4以上表示绝对不平等，这实际上表明我国已经进入绝对不平等区间，收入差距在不断拉大。因此，已经有不少人担心中国经济发展的前景。

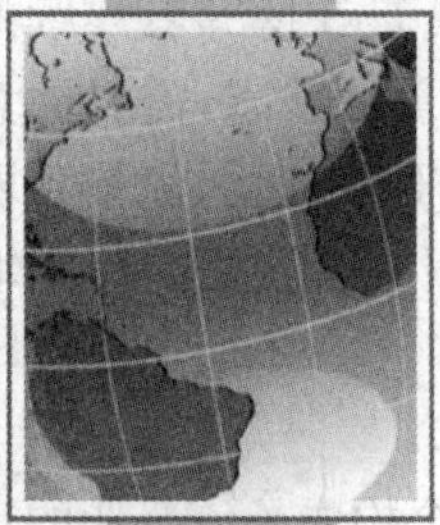

第十章 博弈论初步

学习框架

- 博弈论初步
  - 基本要素
    - 参与人
    - 参与人的策略
    - 参与人的支付
  - 同时博弈：纯策略均衡
    - 支付矩阵
    - 条件策略
    - 纳什均衡
    - 条件策略下划线法
    - 全部纳什均衡
  - 同时博弈：混合策略均衡
    - 混合策略
    - 期望支付
    - 条件混合策略
    - 混合策略纳什均衡
  - 序贯博弈
    - 博弈树
    - 逆向归纳法

学习摘要

1.博弈论的概念

博弈论是描述、分析多人决策行为的一种决策理论，是多个经济主体在相互影响下的多元决策，决策的均衡结果取决于双方或多方的决策。比如下棋，最后的结果就是由下棋双方你来我往轮流做出决策，决策之间又相互影响、相互作用而得出的结果。

2.纳什均衡

纳什均衡是一种策略组合，使得每个参与人的策略是对其他参与人策略的最优反应。假设有 n 个局中人参与博弈，如果某种情况下无一参与者可以独自行动而增加收益(即为了自身利益的最大化，没有任何单独的一方愿意改变其策略的），则此策略组合被称为纳什均衡。所有局中人策略构成一个策略组合。纳什均衡，从实质上说，是一种非合作博弈状态。纳什均衡达成时，并不意味着博弈双方都处于不动的状态，在顺序博弈中，这个均衡是在博弈者连续的动作与反应中达成的。纳什均衡也不意味着博弈双方达到了一个整体的最优状态，需要注意的是，只有最优策略才可以达成纳什均衡，严格劣势策略不可能成为最佳对策，而弱优势和弱劣势策略是有可能达成纳什均衡的。在一个博弈中可能有一个以上的纳什均衡，而囚徒困境中有且只有一个纳什均衡。

3.占优策略

每一个博弈中的企业通常都拥有不止一个竞争策略，其所有策略的集合构成了该企业的策略集。在企业各自的策略集中，如果存在一个与其他竞争对手可能采取的策略无关的最优选择，则称其为占优策略，与之相对的其他策略则为劣势策略。占优策略是博弈论中的专业术语。所谓占优策略，就是指无论竞争对手如何反应都属于本企业最佳选择的竞争策略。显然，在公司的商务竞争过程中，具有占优策略的一方无疑拥有明显的优势，处于竞争中的主动地位。

基本概念

博弈　零和博弈　囚徒困境　纳什均衡　子博弈精炼纳什均衡　完全信息静态博弈　占优策略均衡　重复博弈

基础知识练习

一、选择题

1.在博弈论中，局中人从一个博弈中得到的结果常被称为(　　)。

A.效用　B. 支付　C.决策　D. 利润

2.博弈中通常包括以下内容，除了(　　)。

A.规则　B.占优战略均衡　C.策略　D.结局

3.在具有占优战略均衡的囚徒困境博弈中，以下正确的是(　　)。

A.只有一个囚徒会坦白　B.两个囚徒都没有坦白

C.两个囚徒都会坦白　D.任何坦白都被法庭否决了

4.在多次重复的双头博弈中，每一个博弈者的努力都会(　　)。

A.使行业的总利润达到最大　B.使另一个博弈者的利润最小

C.使其市场份额最大　D.使其利润最大

5.在一个博弈中，直接决定局中人支付的因素是(　　)。

A.策略组合　B. 策略　C.信息　D. 行动

6.对博弈中的每一个博弈者而言，无论对手做何选择，其总是拥有唯一最佳行为，此时的博弈具有(　　)。

A.囚徒困境式的均衡　B.一报还一报的均衡

C.占优策略均衡　D.激发战略均衡

7.在囚徒困境的博弈中，合作策略会导致(　　)。

A.博弈双方都获胜　B.博弈双方都失败

C.使得先采取行动者获胜　　　　D.使得后采取行动者获胜

二、判断题

1.博弈论是用来分析垄断竞争企业行为的。（　　）

2.在一次性囚徒困境博弈中，对一个囚徒来说，如果他相信另一个囚徒会坦白，则他的占优战略就是坦白。（　　）

3.纳什均衡即任一博弈方单独改变策略都只能得到更小利益的策略组合。（　　）

4.如果一个博弈有两个纯策略纳什均衡，则一定还存在一个混合策略均衡。（　　）

5.纯策略纳什均衡和混合策略纳什均衡都不一定存在。（　　）

三、分析说明题

1.举一个你在现实生活中遇到的囚徒两难困境的例子。

2.给定两家酿酒企业 A、B 的收益矩阵如下：

		A企业	
		白酒	啤酒
B企业	白酒	700,600	900,1 000
	啤酒	800,900	600,800

在上表的每组数字中，前一个数字表示 A 企业的收益，后一个数字表示 B 企业的收益。

(1)求出该博弈问题的均衡解。是占优策略均衡还是纳什均衡？

(2)存在帕累托改进吗？如果存在，在什么条件下可以实现？福利增量是多少？

(3)如何改变上述 A、B 企业的收益才能使均衡成为纳什均衡或占优策略均衡？如何改变上述 A、B 企业的收益才能使该博弈不存在均衡？

四、计算题

1.北方航空公司和新华航空公司分享了冬天从北京到南方度假胜地的市场。如果它们合作，各获得 500 000 元的垄断利润，但不受限制的竞争会使每一方的利润降至 60 000 元。如果一方在价格决策方面选择合作而另一方却选择降低价格，则合作厂商的获利将为 0，竞争厂商将获利900 000元。

(1)将这一市场用囚徒困境的博弈加以表示。

(2)解释为什么均衡结果可能是两家公司都选择竞争性策略。

2.假设双头垄断企业的成本函数分别为：$C_1=20Q_1$，$C_2=2Q_2^2$，市场需求曲线为 $P=400-2Q$，其中，$Q=Q_1+Q_2$。

(1)求出在诺均衡情况下的产量、价格和利润,求出各自的反应和等利润曲线,并图示均衡点。

(2)求出斯塔克博格均衡情况下的产量、价格和利润,并以图形表示。

(3)说明导致上述两种均衡结果差异的原因。

自我提高测试

一、选择题

1.如果另一个博弈者在前一期合作,博弈者就在现期合作;但如果另一个博弈者在前一期违约,博弈者在现期也违约的战略称为(　　)。

A.一报还一报的战略　　B.激发战略

C.双头战略　　D.主导企业战略

2.在双寡头中存在联合协议可以实现整个行业的利润最大化,则(　　)。

A.每个企业的产量必须相等

B.该行业的产出水平是有效的

C.该行业的边际收益必须等于总产出水平的边际成本

D.如果没有联合协议,总产量会更大

3.当(　　)时,囚徒困境式博弈均衡最可能实现。

A.一个垄断竞争行业是由一个主导企业控制

B.一个寡头行业面对的是重复博弈

C.一个垄断行业被迫重复地与一个寡头行业博弈

D.一个寡头行业进行一次博弈

4.一个企业采取的行为与另一个企业在前一阶段采取的行为一致,这种战略是一种(　　)。

A.主导战略　　B.激发战略

C.一报还一报战略　　D.无用战略

5.关于策略式博弈,正确的说法是(　　)。

A.策略式博弈无法刻画动态博弈　　B.策略式博弈无法表明行动顺序

C.策略式博弈更容易求解　　D.策略式博弈就是一个支付矩阵

6.下面关于共同知识的说法,正确的是(　　)。

A.每一个局中人都知道的事,就是共同知识

B.一般地,假定支付为共同知识

C.共同知识的假定要求局中人的计算能力不是很强

D.纳什均衡不需要共同知识的假定

7.导致价格战爆发的原因是(　　)。

A.合作均衡

B.使用一报还一报战略的企业出现,这一战略是其竞争者在前一阶段遵守联合协议时采取的

C.进入该行业并立刻同意遵守联合协议的新企业的出现

D.新企业进入一个行业后，所有企业发觉自己处在囚徒困境中

二、判断题

1.在动态博弈中，因为后行为的博弈方可以先观察对方行为后再选择行为，所以总是有利的。（　　）

2.多人博弈中的“破坏者”会对所有博弈方的利益产生不利影响。（　　）

3.因为零和博弈中博弈方之间的关系都是竞争性的、对立的，所以零和博弈就是非合作博弈。（　　）

4.凡是博弈方的选择行为有先后次序的一定是动态博弈。（　　）

5.合作博弈就是博弈方采取相互合作态度的博弈。（　　）

三、案例分析题

1.阅读以下材料，联系实际情况，运用所学理论进行评析。

囚徒困境中的宝洁公司

宝洁(P&G)、联合利华和花牌同时计划进入杀虫胶带市场。它们都面临同样的成本和需求条件，而各厂商必须在考虑到它的竞争者们的情况下决定一个价格。如果宝洁和它的竞争者都将价格定在1.50美元，它能得到更多的利润。这从下表的支付矩阵中看得很清楚。如果所有厂商都定价1.50美元，它们每月各可赚到20 000美元利润，而不是定价1.40美元可以赚到的12 000美元。那么，为什么它们不定价1.50美元呢？

		联合利华和花牌定价	
		1.40美元	1.50美元
宝洁定价	1.40美元	12,12	29,11
	1.50美元	3,21	20,20

假设联合利华和花牌定相同的价格，矩阵中的数字以每月千美元为单位。

因为这些厂商处在一个囚徒的困境中，不管联合利华和花牌定价多少，宝洁定价1.40美元都能赚更多的钱。例如，若联合利华和花牌定价1.50美元，宝洁定价1.40美元每月可赚29 000美元，而定价1.50美元每月只能赚20 000美元。这对联合利华和花牌也是正确的。例如，宝洁定价1.50美元而联合利华和花牌定价1.40美元，它们将各赚到21 000美元而不是20 000美元。结果，宝洁知道如果它定价1.50美元，它的竞争者会有强烈的低价竞争，定价1.40美元的冲动，这样宝洁将只有一个很小的市场份额和只能赚到每月3 000美元的利润。宝洁应该冒险信任竞争者并定价1.50美元吗？如果你面临这样的困境，你会怎么做呢？

2.一个工人给老板干活，工资标准是100元。工人可以选择是否偷懒，老板则选择是否克扣工资。假设工人不偷懒有相当于50元的负效用，老板想克扣工资则总有借口扣掉60元工

资，工人不偷懒老板有 150 元产出，而工人偷懒时老板只有 80 元产出，但老板在支付工资之前无法知道实际产出，这些情况双方都知道。请问：

(1)如果老板完全能够看出工人是否偷懒，博弈属于哪种类型？用得益矩阵或扩展形式表示该博弈并做简单分析。

(2)如果老板无法看出工人是否偷懒，博弈属于哪种类型？用得益矩阵或扩展形式表示该博弈并做简单分析。

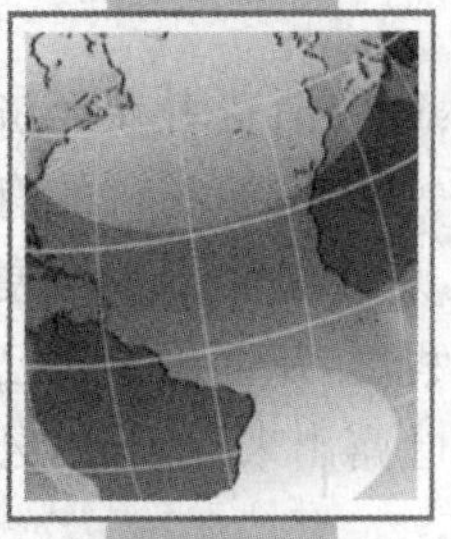

第十一章 市场失灵和微观经济政策

学习框架

- 市场失灵和微观经济政策
  - 垄断
    - 垄断降低经济效率
    - 寻租理论
    - 对垄断的公共管制
      - 价格管理（平均成本定价）
      - 反托拉斯法
  - 外部影响
    - 外部影响的定义与分类
    - 外部影响与资源配置失灵
    - 针对外部影响的微观经济政策
    - 科斯定理
  - 公共物品与公共资源
    - 公共物品
    - 公共资源（公地的悲剧）
    - 公共选择理论
      - 集体选择的规则
      - 最优的集体选择规则
      - 政府官员制度的效率
  - 不完全信息
    - 信息、信息不完全和信息不对称的定义
    - 逆向选择
    - 保险市场与道德风险
    - 工资效率
    - 激励机制：委托－代理理论
    - 信誉与信息调控

学习摘要

1.公共物品的特性与含义

公共产品与私人产品相对，是指供集体共同消费的物品。公共物品的特征有：(1)非排他性；(2)非竞争性。排他性是指某个消费者在购买并得到一种商品的消费权之后，就可以把其他消费者排斥在获得该商品的利益之外，私人产品在使用上具有排他性。公共产品的非排他性使得通过市场交换获得公共产品的消费权力机制出现失灵。竞争性是指消费者或消费数量的增加引起的商品生产成本的增加，私人产品大都具有竞争性。

2.市场失灵公共产品的特点使以上分析充其量是概念性的，因为既然每个消费者在经济上都是理性的，而公共产品又具有非排他性，那么每个消费者都将利用这一点，比如农村的有线电视安装，很多农民利用邻居安装的闭路电视，自己接一插口逃避价格，从而必然产生搭便车行为，这就意味着即使单个消费者能准确地了解自己对公共产品的偏好程度，从而确定自己的需求曲线，对供给者而言，也没有任何意义，因为消费者不会把有关信息吐露出来。因此，公共产品使得市场失灵。

3.外部经济影响

外部性是指某一经济单位的经济活动对其他经济单位所施加的非市场性影响，而非市场性是指一种活动所产生的成本或利益未能通过市场价格反映出来，是无意识强加于他人的。外部性有正的外部性，有些称为外部经济，这是指一个经济主体对其他经济主体产生积极影响，无偿为其他人带来利益；相反，则产生负向外部影响的经济活动。外部不经济则给其他经济单位带来消极影响，对他人施加了成本。

矫正外部性影响的指导思想是外部经济影响内在化，为决策者提供衡量其决策的外部性动机，主要措施有税收、补贴、企业合并以及明确产权。

基本概念

市场失灵　公共物品　外部性　信息不完全和信息不对称　委托—代理问题　政府失灵　公地的悲剧　道德风险　逆向选择

基础知识练习

一、选择题

1.市场不能提供纯粹的公共物品，是因为（　　）。

A.公共物品不具有排他性　　B.公共物品不具有竞争性
C.消费者都想“免费搭车”　　D.以上三种情况都是

2.寻租行为发生的例子是（　　）。

A.一家公司设法增加在自己所有的财产上收取租金
B.政府设法剥夺一家公司的垄断租金
C.政府设法找出一家公司垄断租金的大小
D.公司投入资源去劝说政府阻止新公司进入它的行业

3.被称作外部经济效果的市场失灵发生在（　　）。

A.当市场价格不能反映一项交易的所有成本和收益时
B.当竞争建立在自身利益最大化的前提上时
C.当厂商追求利润最大化目标时
D.当市场不能完全出清时

4.某一经济活动存在外部经济效果是指该活动的（　　）。

A. 私人利益大于社会利益　　　　　　B. 私人成本大于社会成本
C. 私人利益小于社会利益　　　　　　D. 私人利益大于社会利益

5.如果在一个市场上，相对社会最优产量来说，一种商品处于供给不足状态，这说明存在(　　)。
A.正外部经济效果　　　　　　B.信息不完全
C.负外部经济效果　　　　　　D.逆向选择

6.当正外部经济效果发生在一种产品的生产中时，以下正确的是(　　)。
A.太多的资源被分配给该产品的生产　　　　B.社会边际收益大于私人边际成本
C.社会边际收益小于私人边际成本　　　　D.社会边际收益等于私人边际成本

7.从社会角度来看，效率要求(　　)之间相等。
A.社会边际收益和社会边际成本　　　　B.社会边际收益和私人边际收益
C.社会边际成本和私人边际收益　　　　D.社会边际成本和私人边际成本

8.一旦产权被分配后，市场将产生一个有社会效率的结果，这种观点被称为(　　)。
A.有效市场理论　　B.看不见的手　　C.科斯定理　　D.逆向选择

9.科斯定理的一个局限性是(　　)。
A.当存在大量厂商时最有效　　　　B.假设存在很大的交易成本
C.只有当普遍拥有产权时才成立　　　　D.当交易成本很高时不成立

10.如果某种产品的生产正在造成污染，因而社会边际成本大于私人边际成本，适当的税收政策是征税，征税额等于(　　)。
A.治理污染设备的成倍
B.私人边际成本
C.社会边际成倍和私人边际成本之差
D.社会边际成本

二、判断题

1.市场失灵指的是市场没有达到可能达到的最佳结果。　(　　)
2.完全竞争市场一定比垄断更能保证生产资源的有效利用。　(　　)
3.增加公共产品的消费者人数需要减少其他消费品的生产。　(　　)
4.在确定公共产品价格时常用“成本＋公平利润”法。　(　　)
5.公共产品的一个显著特点是排他性。　(　　)
6.公共产品生产上市场机制失灵是说供求双方信息不对称。　(　　)
7.当存在外部不经济时，私人成本与社会成本的差异是导致市场失灵的原因。　(　　)
8.当存在外部不经济时，厂商的私人成本高于社会成本。　(　　)
9.社会边际成本高于价格说明在这种商品生产上资源使用得过多。　(　　)
10.外部不经济的一种解决方法是对该活动征税。　(　　)

三、简答题

1.公共物品有什么特点？这些特点怎样说明在公共物品生产上市场是失灵的？

2.简要说明市场失灵的原因及其对策。

3.什么是不完全信息和不对称信息？

自我提高测试

一、选择题

1.按照传统经济学的观点，以下不属于导致市场失灵的因素的是（　　）。

A.垄断　　B.外部效应　　C.公共物品　　D.政府干预

2.下列不属于纠正外部效应所造成的资源配置不当的方法的是（　　）。

A.使用税收和津贴　　B.规定财产权

C.企业合并　　D.制定反托拉斯法

3.当某厂商的经济活动存在外部不经济时，以下正确的是（　　）。

A.厂商产量大于帕累托最优产量　　B.厂商产量小于帕累托最优产量

C.厂商产量等于帕累托最优产量　　D.以上三种情况都有可能

4.某人的吸烟行为会造成（　　）。

A.生产的外部经济　　B.消费的外部经济

C.生产的外部不经济　　D.消费的外部不经济

5.当一个消费者的行动对他人产生了有利的影响，而自己却不能从中得到补偿时，便产生了（　　）。

A.消费的外部经济　　B.消费的外部不经济

C.生产的外部经济　　D.生产的外部不经济

6.科斯定理假设交易成本为（　　）。

A.0　　B.1　　C.大于1　　D.大于0小于1

7.如果上游工厂污染了下游居民的饮水，按照科斯定理，下列说法正确的是（　　）。

A.不管产权是否明确，只要交易成本为零，问题都可妥善解决

B.只要产权明确，且交易成本为零，问题都可妥善解决

C.只要产权明确，不管交易成本有多大，问题都可妥善解决

D.不论产权是否明确，交易成本是否为零，问题都可妥善解决

8.当市场不能有效配置资源时，问题的最终来源通常是（　　）。

A.价格没有高到使人们不过度消费　　B.价格没有低到使企业不过度生产

C.没有很好地界定产权　　D.政府没有出面加以管制

二、判断题

1.垄断造成的资源配置的低效率通常只能由政府进行管制。（　　）

2.由政府提供的产品都是公共物品。（　　）

3.根据科斯定理，外部性总是要求政府为了使外部性内部化而进行干预。（　　）

4.如果交易成本大于受影响各方对外部性达成协议的潜在利益，就没有解决外部性的私人办法。（　　）

5.公共资源被过度使用是因为公共资源对消费者是免费的。（　　）

6.私人市场难以提供公共物品是由于无法避免"搭便车"的问题。（　　）

7.一条拥挤的收费道路仍然是一种公共资源。（　　）

8.品牌能成为提供有用的质量信号。（　　）

三、计算题

1.某一产品的市场需求函数为 $Q=1\,000-10P$，成本函数为 $C=40Q$，求：

(1)若该产品为一垄断厂商生产，利润最大化时的产量、价格和利润分别为多少？

(2)要达到帕累托最优，产量和价格应为多少？

(3)社会纯福利在垄断性生产时损失了多少？

2.假定有一企业，从私人角度看，每多生产 1 单位产品可多得 12 元；从社会角度看，每多生产 1 单位产品还可再多得 4 元。产品成本函数为 $C=Q^2-40Q$，试问：为达到帕累托最优，若用政府补贴的办法，可使产量增加多少？

3.设一个公共牧场的成本是 $C=5X^2+2\,000$，X 是牧场上养牛的头数。每头牛的价格 $P=800$元。

(1)求牧场净收益最大时的养牛数。

(2)若该牧场有 5 户牧民，牧场成本由他们平均分摊，这时牧场上将会有多少养牛数？从中会引起什么问题？

四、分析说明题

举例说明信息不对称会破坏市场的有效性。

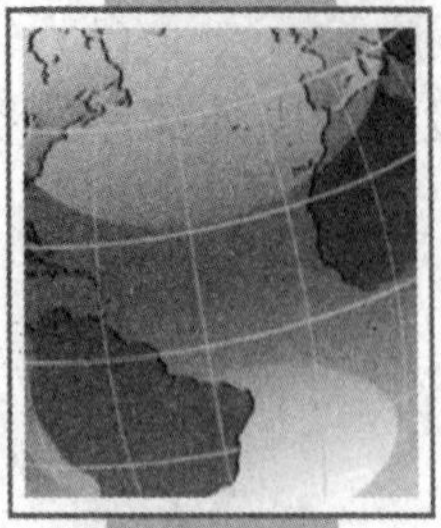

参考答案

第一章　导　论

【基础知识练习】

一、选择题

1.B。理性人假设又被称为经济人假设，是指从事经济活动的主体具有非常明确的目的，在决策时善于权衡利弊得失，找到最佳方案，以获得尽可能大的利益。

2.B。经济学中的稀缺是相对稀缺。

3.D。物品是指有使用价值的，经济物品就是相对稀缺的有用的物品，不一定用于交换。

4.B。微观经济学研究市场的运行，而运行的核心是围绕价格。

5.B。A 项是研究方法不同。C 项是研究主体不同。D 项是研究角度不同。

6.D。A 项代表符号经济的过热表现，不代表实体经济的增长。B 项是曲线内的点。C 项的可能性曲线会左移。

7.C。机会成本可表示为资源被作为一种用途使用后所放弃的其他用途中可能带来的最大的收益。

8.A。资源存在稀缺不足，才会解决如何配置使用达到最大化。B 项是宏观解决的问题。C 项是研究对象。D 项是市场运行的核心。

9.B。失业、通胀是宏观经济学研究的对象。

10.D。A、B 项是研究内容。C 项是微观的理论核心。

11.B。宏观经济学研究的是作为经济总体运行所表现出来的特点。

12.B。比较静态分析研究的是自变量发生某种变化后因变量会发生怎样的变化。

13.A。实证分析和规范分析是经济学常用的两种重要的分析方法。

14.C。实证方法在于描述现象、说明现象，而规范分析在于说明应该怎样做。

15.C。规范分析首先会建立评价判断标准，然后用它与存在的事件对比，看该事件是否符合标准。

16.D。实证分析主要回答某种经济现象是怎么一回事、是由什么导致的、为什么会变化以及后果是什么。A、B、C 项属于此类。

二、判断题

1.正确。经济学就是研究关于稀缺的资源如何配置的问题。

2.正确。不同国家有不同的经济体制，其资源的配置和利用的具体方法是不同的。

3.错误。资源配置的要求是生产更多产品来满足更多人的需求，产品的多少以满足人的需求为前提。

4.正确。微观研究单个经济体，宏观研究整个国家经济。

5.错误。微观解决的是价格机制下的资源配置，宏观解决的是如何更有效地利用资源。

6.正确。略。

7.错误。实证经济的特点在于说明现象，主要回答某种经济现象是怎么一回事。规范方法在于说明应该怎么做。

8.正确。该命题需要证明物价高或低好？为什么？

9.正确。规范法首先要建立评判是非曲直的标准。

10.错误。稀缺是相对人的欲望的稀缺。

11.正确。时间用于修草坪，放弃的是看电影，由此产生机会成本。

12.错误。效率标准是整个社会福利水平是否提高，不仅财政收入最大，还要分配合理。

13.错误。不管什么生产力水平，只要资源存在稀缺，就要解决经济学的问题。

14.错误。均衡状态是相对静止，均衡也会变动。

15.正确。市场中当事人的行为是自愿的，而征税则是超经济的强制，不是市场行为。

16.错误。政府也是市场活动的参与者，政府是以商品需求者的身份参与市场交易，是一种市场行为。

三、简答题

1.答:(1)稀缺性是指人们的欲望总是超过能用于满足欲望的资源的状态。这里的稀缺不是指这种资源是不可再生的或者是可以消耗尽的，也不是指这种资源的绝对量是稀少的，而是指在给定的时间内，与人类的需要相比，其供给量总是不足的。

(2)稀缺性是客观存在的。人类之所以有经济行为，之所以要从事生产、分配、交换、消费的经济活动，是由于人类的欲望和由此引起的对物品和劳务的需要是无限多样且永不停止的。可是，用来满足这些无限需要的手段即用来提供这些物品和劳务的生产资源是稀缺的。

由于稀缺性是任何社会和任何时期人们都会面临的一个基本事实，它反映了欲望的无限性和资源的有限性的矛盾，正是这种矛盾引起了人类的各种各样的经济活动，并产生大量的经济问题。

(3)由于稀缺性而产生的经济问题主要有以下几个方面:第一，生产什么。面对稀缺的经济资源，人们需要权衡各种需要的轻重缓急，确定生产什么物品、生产多少、何时生产，以满足比较强烈的需要。第二，如何生产。由于各种生产要素一般都有多种用途，各种生产要素之间也大多存在一定的技术替代关系，所以同一种产品的生产往往可以采用多种方法，经济社会必须在各种可供资源组合中选择哪一种组合是成本最低、效率最高的生产方法。第三，为谁生产。因为存在稀缺性，没有人能获得他想要的一切，每个社会都必须建立某种机制来为其成员分配产品。

上面三个问题被称为资源配置问题，正是为了解决这些问题，才产生了经济学。

2.答:静态分析(static analysis)就是分析经济现象的均衡状态以及有关的经济变量达到均衡状态所需要具备的条件,它完全抽调了时间因素和具体变动的过程,是一种静止、孤立地考察某些经济现象的方法。例如,在考察市场价格时,它研究的是价格随供求关系上下波动的趋向或者是供求决定的均衡价格。也就是说,这种分析只考察任一时点上的均衡状态。

比较静态分析(comparative static analysis)就是分析在已知条件发生变化后经济现象均衡状态相应的变化,以及有关的经济总量在达到新的均衡状态时的相应变化,即对经济现象有关经济变量一次变动(而不是连续变动)的前后进行比较。也就是比较一个经济变动过程的起点和终点,而不涉及转变期间和具体变动过程本身,实际上只是对两种既定的自变量和它们各自相应的因变量的均衡值加以比较。

动态分析(dynamic analysis)则是对经济变动的实际过程进行分析,其中包括分析有关变量在一定时间过程中的变动,这些经济变量在变动过程中的相互影响和彼此制约关系,以及它们在每一时点上变动的速率等。这种分析考察时间因素的影响,并把经济现象的变化当作一个连续的过程来看待。蛛网模型就是运用动态分析一个典型的例子。动态分析在初级的经济学教材中运用得很少。

分析单个供求均衡时运用的就是静态分析;当影响供求的因素发生变化时,相应的供给和需求曲线也会发生移动,它们会达到新的均衡状态,这时运用的就是比较静态分析,即两个均衡状态的比较;动态分析则是分析每一期自变量都会变化,而相应的应变量随之变化,同时把时间因素考虑进去。

3.答:新古典宏观经济学和新凯恩斯主义经济学是目前西方经济学中两个较有影响的理论流派。两者的主要分歧在于:

(1)假设条件不同。新古典经济学与凯恩斯主义经济学最明显的分歧是:前者坚持市场出清假设,而后者则坚持非市场出清假设。新古典宏观经济学家认为,工资和价格具有充分的伸缩性,可以迅速调整,通过工资价格的不断调整,使供给量与需求量相等,市场连续处于均衡之中,即被连续出清。总之,新古典宏观经济学把表示供给量和需求量相等的均衡看作经常可以得到的情形。与此相反,新凯恩斯主义则认为,当经济出现需求扰动时,工资和价格不能迅速调整到使市场出清。缓慢的工资和价格调整使经济回到实际产量等于正常产量的状态需要一个很长的过程,比如需要几年的时间,而在这一过程中,经济处于供求不等的非均衡状态。

(2)在解释经济波动方面不同。新古典经济学与新凯恩斯主义经济学的分歧是:前者试图用实际因素从供给方面解释宏观经济波动,后者则是用货币因素从需求方面解释宏观经济波动。在新古典宏观经济学看来,引起经济波动的实际因素有很多,其中,技术是一个重要的因素。在人口和劳动力固定的情况下,一个经济社会中所生产的实际收入便取决于技术和资本存量。换句话说,这时的总量生产函数取决于表示技术状况的变量 z 和资本存量 k,即 $y=zf(k)$。假定资本折旧率为 δ,则在所考察时期的期末,经济中的可供利用资源为当期的产量加上没有折旧的资本存量,即总资源函数为:$zf(k)+(1\delta)k$。假定总资源只有两个用途:消费和积累。现在假定由于技术进步,使 z 值增加,则生产函数和总资源函数向上移动,则原有的资本存量、产量和总资源都会相应地增加,从而使下期的消费和资本积累也相应地增加。如果经济社会选择新的资本存量,则资本存量的增加又会使实际收入进一步增加。如果没有进一步的技术变化,则经济将随着总资源的增加扩张直到达到新的状态上。这便是新古典宏观经济学对经济波动的解释。新凯恩斯主义对宏观经济波动的解释较为复杂。首先,为了与非市场出清的假设相一致，新凯恩斯主义建立了解释工资和价格粘性的各种理论，其中包括长期劳动合同论。其次，新凯恩斯主义导出了短期总供给曲线。最后，利用短期总供给曲线，新凯恩斯主义通过考察经济遭受总需求冲击后回复到正常状态的过程，说明经济经历了一次波动（衰退或高涨状态）。

(3)政策主张不一样。新凯恩斯主义认为，由于价格和工资的粘性，经济在遭受总需求冲击之后，从一个非充分就业的均衡回到充分就业均衡状态是一个缓慢的过程，因而刺激总需求是必要的。因此，为了避免较长时期的非充分就业持续出现，凯恩斯主义认为应该采取宏观经济政策对经济进行干预，其中，财政政策尤其重要。新古典经济学反对政府干预。早期的理性预期学派就曾断言，由于人们的合理预期，规则的政策对产量变动是无效的，因此，为了避免因政策的突然变动而引起经济波动，政府应按稳定的政策规则行事。

第二章　需求、供给和均衡价格

【基础知识练习】

一、选择题

1.A。需求曲线向右下方倾斜，斜率为负。

2.B。电池与电筒为互补产品。

3.D。由自身价格变动带来的需求数量变化称为需求量的变化，价格下降，需求量增加。

4.B。商品未来涨价，则应增加当期购买，囤货。

5.A。以汽车和汽油为例。

6.A。收入和需求的关系用于描绘商品的属性。低档品是指当收入减少时对该商品的需求反而增加。

7.D。从图形上看，需求量的变化是在需求曲线上的点的移动。

8.C。需求曲线的移动由非自身价格因素引起。

9.A。非价格因素引起需求变动，对一般的商品来说，收入减少，需求减少。

10.A。IBM 与康柏电脑为替代品。价格下降引起需求量上升，供给量减少。

11.B。人口减少，市场需求减少。

12.B。供给曲线向右上倾斜，斜率为正。

13.B。捂盘，等价格上涨了再卖。

14.C。供给的变化由非价格因素引起。C 项为价格因素，是供给量的变化。

15.A。技术进步属于非价格因素，会带来供给的增加，曲线右移。

16.A。工人工资提高会增加建房的成本，属于非价格因素，房子的供给减少，曲线左移，价格上涨。

17.D。供给规律描绘的是商品价格和供给量之间的变化关系。

18.A。均衡时 $Q_D=Q_S$。

19.B。供给增加大于需求增加，会形成某种意义上的供过于求，价格下降。

20.C。按供需函数的特征，征税后，税收将分别由买家和卖家承担，价格上涨。

21.A。小麦歉收为自然因素，引起小麦供给减少，价格上升；小麦价格上涨后，又引起需求量的下降。

22.B。$E_d = \Delta Q/\Delta P \times P/Q = 10\%/2\% = 5$。

23.C。药品价格变化，人们不会明显改变对它们的需求。

24.A。缺乏弹性，提价会带来收益增加，意味着消费者支出增加。

25.A。完全无弹性表示不管价格如何变化，需求量都不变。

26.C。$E_d = 2$ 表示价格变动 1%会引起需求量变动 2%。价格由 1 上升至 1.03，上升了 3%，则需求量减少 6%。

27.A。富有弹性的商品降价会引起需求增加更多，从而带来收益增加。

28.C。A 项必需品缺乏弹性。B、D 项弹性小于 0。

29.A。$E_m = 5\%/10\% = 0.5$。

30.D。交叉弹性考查的是两个商品之间的关系。系数为负，两个商品互补。

31.A。两种商品的购买量同时增加或减少说明两者是互补关系，交叉弹性为负。

32.B。供给价格弹性为 1 的直线经过原点。

33.B。保护价即为支持价格，是指国家为了保护某些行业的发展而制定的最低限价。

34.B。粮食减产，供给减少，价格上涨。A 项是非市场行为。

35.A。价格在均衡价格以下会造成供不应求，从而产生黑市交易。

36.B。规定最低工资后，厂商的支出会增加，需要的工人数量减少，社会就会出现大量工人失业。

37.A。农产品是缺乏弹性，需求曲线陡峭。

二、判断题

1.错误。比如收藏品，古董价格越高，需求量反而越大。

2.正确。互补品的价格和需求量是反方向变化。

3.错误。是互补品。

4.正确。价格变化引起的供给数量的变化称为供给量的变化。

5.正确。土豆价格上涨，薯条成本上涨，供给减少，曲线左移。

6.正确。市场运行规律表明，价格受到供求关系影响会上下波动，最终会接近均衡价格。

7.错误。提高价格增加收入还取决于提高的价格幅度。过高的价格会没有销量。

8.正确。收入增加，带来低档品需求减少，对奢侈品需求增加。

9.错误。价格下降对应的是需求量的增加。

10.错误。需要考虑商品的弹性。

11.正确。缺乏弹性的商品提价才能带来收益的增加。

12.错误。食盐几乎无替代品，弹性比自行车小。

13.错误。生活必需品的弹性更小。

14.正确。农产品缺乏弹性，限产会使价格上涨，农民收入增加。

15.正确。收入增加，人们将增加对奢侈品的消费。

16.错误。是吉芬商品。劣等品不一定都是吉芬商品。

17.错误。需求收入弹性为正，则为正常品。

18.错误。独立品的交叉弹性等于 0。

19.错误。完全无弹性的商品的供给曲线为水平线。

20.正确。

21.错误。限制价格低于市场价格。

三、分析说明题

1.答:(1)电影与VCD互为替代品。电影票价格下降,需求量增加,从而使VCD的需求减少,曲线左移。

(2)碟片与VCD为互补品。碟片供给减少,则对VCD的需求也减少,曲线左移。

(3)发生火灾使VCD供给减少,价格上涨,从而需求量减少。

(4)技术进步使供给增加,价格下降,需求量增加。

2.答:因为粮食是缺乏弹性的商品。全世界的干旱使世界粮食减产,粮价上升的幅度大于需求量减少的幅度,出售粮食的农民总收益增加。但对于东北地区农民来说,世界粮食市场是既定的,他们的供给量减少,世界粮食价格不变,他们的总收益就下降了。

3.答:(1)如果汽油需求较富有弹性,这种税收对减少汽油消费更有效。从下图中可以看出,需求曲线 D_1 比 D_2 更富有弹性。对汽油征税,其价格会上升。如果需求富有弹性,价格上升会使需求量大幅下降。当需求曲线为 D_1 时,税收使需求量从Q下降到 Q_1。如果需求缺乏弹性,价格上升,其需求量也不会有太大的变化。当需求曲线为 D_2 时,税收使需求量从Q下降到 Q_2,小于 D_1 的下降幅度。

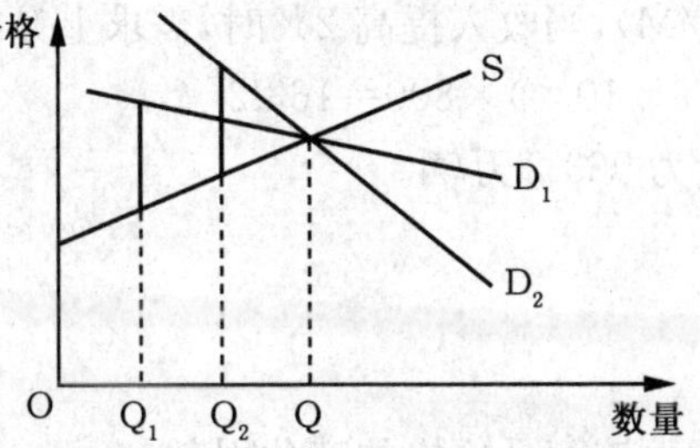

(2)这种政策使汽油消费者受害,因为他们必须支付更高的汽油价格。

(3)这种税收使石油行业工人受害。因为汽油生产者实际得到的价格下降了,而且石油销售量下降,石油行业的总收益下降,使石油工人的收入也下降。

4.答:运输价格应该降低。因为大量运输的需求的价格弹性约为1.6,即其需求富有弹性。而根据需求的价格弹性与销售收入之间的关系,我们知道,若某种商品或劳务的需求是富有弹性的(缺乏弹性的),则降低价格将为销售者带来较多(较少)的收入,而提高价格会使销售者的收入较前减少(增加)。因此,这里为了增加富有弹性的大量运输的收入,应当降低运输价格。

四、计算题

1.解:均衡价格:$Q_D=Q_S$

由 $14-3P=2+6P$ 得到:$P=4/3$

需求价格弹性:$E_D=-dQ/dP\times P/Q=-(-3)\times P/Q=3P/Q$

因为:$P=4/3$ $Q=10$

所以:$E_D=0.4$

供给价格弹性:$E_S=dQ/dP\times P/Q=6\times P/Q=6P/Q$

因为:$P=4/3$ $Q=10$

所以:$E_s=0.8$

2.解:(1)市场的需求为单个消费者需求的简单加总,可得市场的需求函数为 $Q=90-10P$,图形如下:

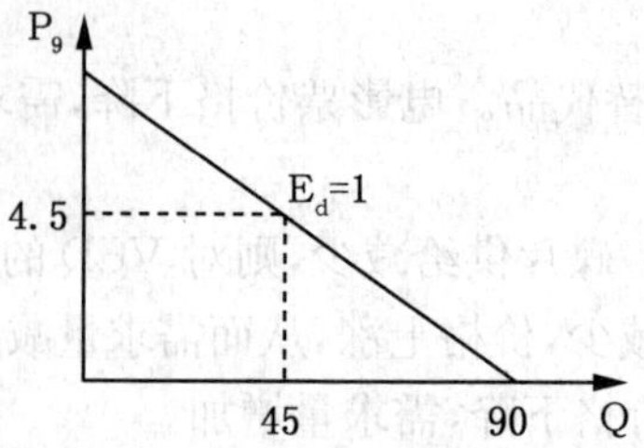

由需求函数形式可知为线性需求曲线，在中点位置，即 P＝4.5 时，弹性 $E_d=1$。那么，当 P＞4.5时，为富有弹性；当 P＜4.5 时，为缺乏弹性。

(2)TR＝PQ＝P(90－10P)

计算得：当 P＝4.5 时，生产者取得最大收入。

3.解：当牛奶供给＝需求时，供给量须上升：(120－100)/100＝20/100

弹性为 0.5 表示价格上涨 1%，需求上涨 0.5%，则要使需求(供给量)上涨 20%，价格必须上涨 40%，可知价格上涨 200(500×40%)元。

4.解：(1) $E_d=-(\Delta Q_d/Q_d)/(\Delta P/P)$，当价格提高 3%时，需求下降 3.6%。

(2)$E_m=(\Delta Q/Q)/(\Delta M/M)$，当收入提高 2%时，需求上升 6%。

(3)$\Delta Q=(-1.2\times 8\%+3\times 10\%)\times 800=163.2$

2009 年新汽车的销售量为 963.2 万辆。

自我提高测试

一、选择题

1.B。需求量的变化只能由该商品价格的变化引起。

2.B。A 项会引起需求量的变化。C 项会引起供给的变化。

3.D。供给曲线描绘的是价格和供给量之间的变化关系。通常说的假设其他条件不变即是指 A、B、C。

4.A。皮鞋价格上涨，生产者将用有限的资源生产更多皮鞋，从而出现皮包的供给减少。

5.A。需求曲线右移了，均衡价格上升。

6.B。当需求减少，商品价格又不变的情况下，会出现过剩。

7.A。非线性需求曲线上点弹性的大小的几何意义可以表示为过该点所做的切线的点弹性的线性的几何意义。

8.A。需求价格弹性描绘的是价格与需求量的变化关系，它沿着曲线变动。

9.B。需求为 0 表示商品涨价后，消费者不会改变对该商品的需求量，那么从增加收益的角度看，卖家将涨价 10 元。

10.C。由于对工资需求缺乏弹性，则工资下降会导致增雇更多工人，从而使工资总额增加。

11.B。$TR=P\times Q=P\times AP^{-1}=A$，总收益即购买商品的总花费为常数 A。

12.D。在需求曲线 D_1 上，$|E_B|>|E_E|$，在需求曲线 D_2 上，$|E_E|>|E_C|$，而 E 点在 D_1 上的价格弹性要高于在曲线 D_2 上的价格弹性。

13.B。提价到 3 700 元无人购买，说明该商品需求量的变动大于价格变动且富有弹性，则提价会带来收入的减少。

14.B。封闭型的蛛网模型的需求曲线和供给曲线的斜率绝对值相等，代表的弹性相同。

二、判断题

1.正确。成本下降带来供给增加,需求也增加时,交易量增加,价格视需求和供给增加的幅度而定。

2.错误。药品缺乏弹性,营养补品富有弹性。

3.正确。无弹性的需求曲线为水平直线。

4.错误。价格变动,收益不变,说明需求量的变动是同幅度的,弹性为单位弹性。

5.错误。时间越长,消费者会寻找更多的替代品,汽油的需求弹性变大。

6.错误。线性需求曲线上点的弹性取决于点的位置高低。

7.错误。市场需求曲线不一定要求每个人的需求曲线为连续。

8.正确。单一弹性时,点的位置为直线的中点。总收益最大化要求一阶倒数等于0,即 dE=0。因此,$E_d=1$。

9.错误。需求量增加和需求增加代表的是引起需求数量增加的不同因素。

10.错误。价格弹性是正值,斜率是负值。

11.正确。完全价格弹性表示当商品价格稍微变化时,需求量的变化为无穷。

12.错误。对于富有弹性的商品,卖者降价可以薄利多销。

三、分析说明题

1.答:不正确。供给规律是在其他因素不变的条件下分析价格与供给量之间的关系。此时,生产电脑的技术水平、生产要素的价格等因素发生了变化,因而已经不符合供给规律的假定前提,不能用供给规律分析。

2.答:(1)对于图A,此时税款由消费者完全负担,因为需求曲线无弹性,表明消费者对该商品的价格变化反应迟缓,无论价格怎么变,消费者仍保持既定的购买量。征税后,价格上涨用于全部税款,由消费者完全承担税款。对于图B,此时消费者完全承担税负。因为供给曲线完全有弹性,征税后,价格上涨用于全部税款,由消费者完全承担税负。

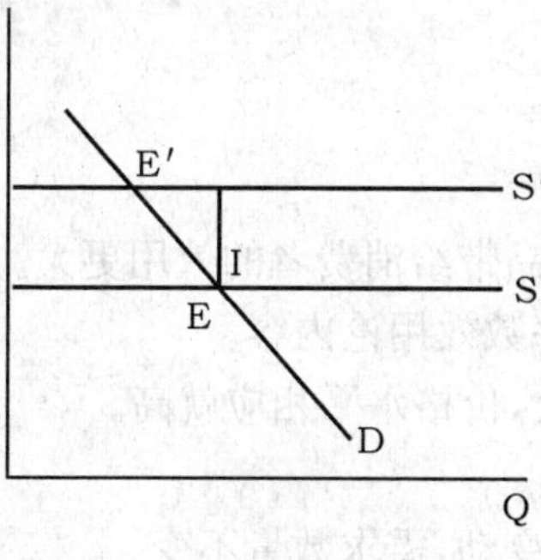

图A

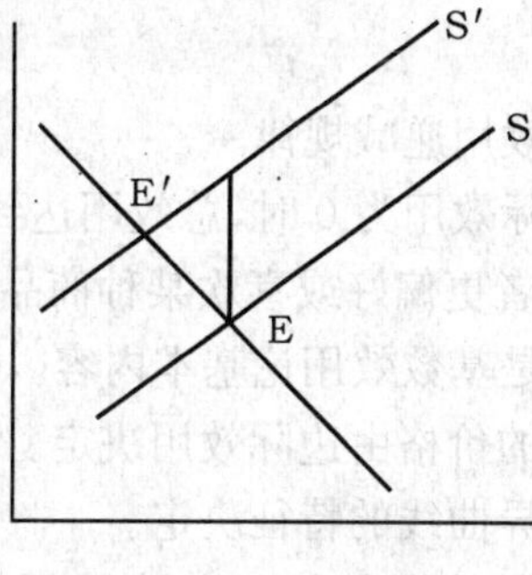

图B

(2)如图B所示,此时,消费者的需求弹性和生产者的需求弹性是一样的,所以他们各付一半。

(3)如图C所示,供给曲线与横轴垂直,保持在一个固定的水平,原有均衡点为e。当政府对产品卖方征税时,供给曲线不会发生变化,所以产品的价格保持在原来的水平,税收负担无法转嫁,卖方承担了全部税额。

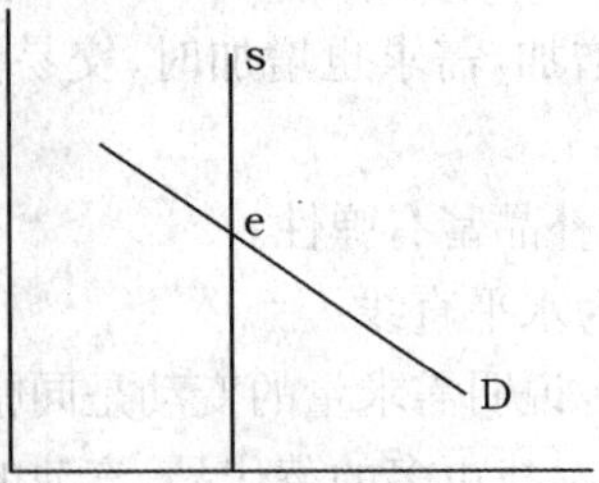

图 C

(4)从上面的分析中我们可以看出:谁的弹性小谁的负担就重,完全无弹性方完全负担赋税;反之亦然。供给弹性越大,卖方就越可以通过价格上涨的方式把更多的税收转嫁给买方,税收更多是由买方承担。

四、计算题

1.解:(1)均衡时 $Q_D=Q_S$,得到:P=2,Q=8。

(2)$E_D=1/2$,$E_S=3/4$。

(3)若对生产者征税,则消费者的需求函数不变,征税后新的供给函数为:$Q_S=2+3(P-1)$。新的均衡点对应的 P=2.6,Q=6.8。

(4)征税前,消费者支付 2 元,征税后支付 2.6 元,相当于消费者承担了 0.6 元,则生产者承担了 0.4 元。

第三章　效用论

【基础知识练习】

一、选择题

1.B。边际效用递减规律。

2.B。当边际效用为 0 时,总效用达到最大。

3.A。消费者更偏好或喜欢某种商品,表示该商品带给消费者的效用更大。

4.A。B 项是基数效用论基本内容。C、D 项是序数效用论内容。

5.D。商品的价格由边际效用决定。边际效用大,价格水平相应就高。

6.D。无差异曲线的特征决定。

7.A。当边际替代率为 0 时,表示不管价格怎样变动,需求数量不变。

8.A。均衡的条件是无论最后一单位货币购买哪种商品,带来的边际效用都相等。当商品价格不同时,所购买的商品的边际效用不一定相等。

9.D。向上倾斜表示消费者要维持效用水平不变,需要同时增加或同时减少两种商品的数量,这显然不是理性的做法。

10.C。横轴为得到的商品,表示为得到 1 单位笔记本而要放弃的杂志的数量。

11.B。该不等式表示 1 单位货币购买 X 得到的效用小于购买 Y 得到的效用,因而消费者会增购 Y。

12.B。预算线在横纵轴上的截距表示所有的预算用来购买 X 或 Y 的数量。如题图所示,购买到的 X(20)是 Y(5)的四倍,说明 Y 商品的价格更贵。

13.C。各种商品的价格不一样,边际效用难以达到相等。

14.B。均衡的条件是最后一单位货币在每种商品上的边际效用相等时,最后一元在食品上的边际效用为 10,则在服装上的边际效用也应该为 10,所以服装的价格应为 20 元。

15.B。一般来说,收入水平高,购买到的商品数量组合多,预算线靠右,斜率取决于商品的价格之比,。

16.A。替代效应不改变消费者的效用水平。

17.C。低档品价格下降引起的替代效应为正,收入效应为负。当替代效应小于收入效应时,总效应为负,表示的是吉芬商品。

18.A。根据消费者剩余计算公式计算得到。

19.B。收入效应表示商品的价格下降,从而使消费者的实际收入水平提高,购买力增加,所购买商品数量增加,效应水平提高。

20.D。正常品的收入效应为正,即收入增加,当商品价格下降时,会增加购买量。

21.C。当价格下降、收入效应为负时,说明该商品是低档品,总效应为负,说明是低档品中的吉芬商品。

22.C。按照消费者选择理论推导出来的需求曲线也是向右下倾斜的,仅特殊商品的需求曲线形状不是向右下倾斜。

二、判断题

1.错误。效用是按照商品带给消费者的主观满意度来评价的。

2.错误。当边际效用为负时,总效应开始下降。

3.错误。商品的价格主要由边际效用决定,总效应决定数量。

4.错误。同一杯水对不同的人或同一个人在不同时间都有不同的效用。

5.正确。货币作为特殊的商品也符合边际效用递减规律。

6.错误。离原点越远的无差异曲线代表的效用水平越大。

7.错误。收入增加,购买的商品数量越大,预算线外移。

8.错误。预算线的斜率为两种商品的价格之比。

9.正确。消费者均衡点为预算线和无差异曲线相切的切点。

10.正确。预算线表示在商品价格和收入给定的情况下,消费者收入能购买到的所有商品的组合。

11.错误。同一条无差异曲线代表一个消费者的效用水平。不同消费者的无差异曲线是不同的。

12.正确。商品价格下降,消费者的实际收入水平提高,可购买更多商品带来效用的增加。

13.错误。收入效应带来实际的收入水平提高、效用水平增加、无差异曲线变动。

14.错误。无差异曲线代表的是购买的商品数量组合带给消费者的总效应。

15.正确。其他条件不变,某商品价格下降,消费者会增购该商品。

16.错误。低档品的需求曲线仍向右下倾斜。

17.正确。吉芬商品是特殊的低档品。

18.正确。

19.错误。当价格下降时,替代效应会带来需求量的增加,是反方向变化。

20.正确。个人需求曲线上的任一点代表该价格水平下的需求量是能给消费者带来最大效用的需求量。

21.错误。收入效应大于替代效应，该商品为吉芬商品。

三、计算题

1.解：设两种商品的消费数量为X、Y。

那么，PX×X+PY×Y=12；X+2Y=12。

U=3XY=3(12−2Y)×Y=6(−Y^2+6Y)=−6(Y−3)^2+54。

所以，U在Y=3时去最大值，此时X=6。

maxU=54

2.解：当X=9、Y=8时，得到U=20；

则当X=4、Y=12时，才能得到U=20。

3.解：$u=xy^4$

$MU_x/P_x=MU_y/P_y$

即：$y^4/P_x=4xy^4/P_y$

整理得：$y/P_x=4x/P_x$；$4xP_x=yP_y$

设总收入为$M=xP_x+yP_y$，$M=5/4yP_y$，则$yP_y=4/5M$，他会把收入的4/5用于商品y上。

4.解：当$P_1=2$时，Q1=6，CS1=1/2×(5−2)×6=9。

当$P_2=4$时，Q2=2，CS1=1/2×(5−4)×2=1。

5.解：(1)Y价格下降的替代效应使得他多买Y。原先X=20，Y=10，替代效应时X=Y$=10\sqrt{2}$。

(2)收入效应时X=Y=20，多买Y$=20-10\sqrt{2}$，原先花40元购买，假设价格不变，则购买X=Y=20需要花60元，相当于收入增加20元。

(3)替代效应是他买更少的X，收入效应是买更多的X，Y价格下降对X的需求总效用不变，对Y的总效用增加。

四、分析说明题

答：如果货币的边际效用递减，由于低工资者货币的边际效用大于高工资者货币的边际效用，所以把相同部分的收入从高工资者手里转移到低工资者手里，从全社会来说，损失的总效用小于增加的总效用，最后全社会的总效用是增加的，可用下图表示。设MU是货币的边际效用曲线，由于货币的边际效用也递减，故它向右下方倾斜。OA是低工资者的货币收入，OB是高工资者的货币收入。把高工资者的BB′的收入转移给低工资者，后者的收入增加AA′，AA′=BB′。从图中可以清楚地知道，高工资者损失的总效用为BB′D′D，它明显地小于低工资者增加的总效用AA′C′C。因此，全社会的总效用增加了。

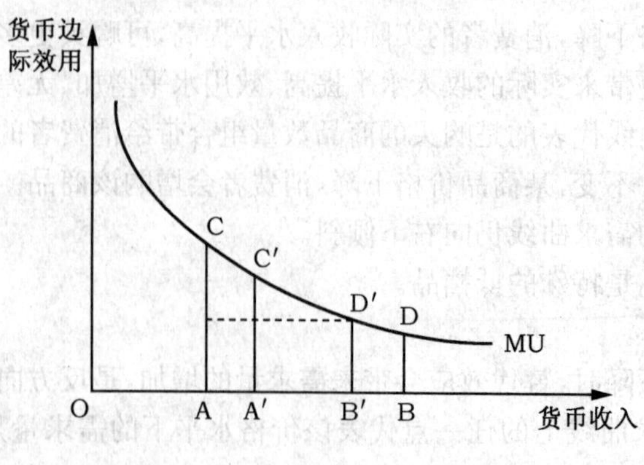

【自我提高测试】

一、选择题

1.B。根据消费者效应最大化条件，保证消费者最后一元钱以货币形式存在给他带来的效用与购买商品给他带来的效用相等。也就是说，最后一双鞋带给消费者的效用和鞋的价格代表的货币数量带给消费者的效用相同。

2.A。水平的无差异曲线表示无论增减商品 X，只要 Y 的数量不变，消费者的效用不变，因而增加 X 不能提高效用水平。

3.B。对甲而言，每增加 1 单位 X 所能替代的 Y 更多，说明甲对 Y 的评价较低，对 X 的评价较高，因此应该用 Y 换乙的 X。

4.A。收入增加，预算线右移；两种商品的价格同时上涨，预算线再左移。收入和价格都是上涨一倍，说明左右移动的间距一样，最终预算线不变。

5.C。最后一元花在 X 商品上的 MU 为 5，花在 Y 上的 MU 为 6，则应增加 Y 的购买会增加总效应。

6.A。各种商品边际效用下降，说明消费者购买该商品的数量增加，代表生活状况改善。

7.A。该效用函数的边际替代率为常数，画图可知是条直线。

8.C。C 项代表 X 与 Y 的消费数量同比例降低，从而是相同的偏好序。

二、判断题

1.错误。越趋近直线，替代率越接近于 0。

2.错误。边际效用降低，说明消费者消费商品的数量增加，生活状况变好。

3.正确。根据均衡条件：$MU_x/MU_y=P_x/P_y$，得到 $Y/X=P_x/P_y$，则 $P_xX=P_yY=M/2$。

4.错误。完全互补的效用函数为 $U=\min\{ax,by\}$。

5.错误。价格上涨，预算线左移，收入再上涨，预算线再右移，最终预算线不变，消费者均衡不变。

三、计算题

1.解：(1)要实现消费者的效用最大化，满足消费者均衡条件 $MU_1/MU_2=P_1/P_2$。

将相关数值带入后可得到 $Y=17/7\times X$。

预算线为：$10X+10Y=5\,000$。

可解：$X=145.83$，$Y=354.17$。

(2)消费者预算约束如下图所示，政府提供该居民 2 000 元的食品兑换券后，消费者的预算线变为一条折线。此时，消费者的无差异曲线与其没有切点。因此，该居民的最优消费组合为折点，即 $X=200$，$Y=500$。

2.解：(1)预算约束线为 $3X+4Y=50$。

由于边际替代率 $MRS=MU_X/MU_Y=X/Y$ 是随着 X 的增加而增加的，所以不能根据消费者均衡条件求效用最大化。此时，效用最大化的点只能在预算线上的两个端点处获得，在点(0,25/2)处的效用为 25/2，在另外一个点(50/3,0)处的效用为 50/3，因此，张三的最大效用是 50/3。

(2)张三的无差异曲线和预算线如下图所示。可以看出，无差异曲线是以原点为中心的一条条圆弧，而预算线是一条直线，一条无差异曲线与预算线相切于 b 点，而另一条无差异曲线与预算线相交于 a 点，b 点是张三效用最小化的那一点，而 a 点是张三效用最大化的那一点，不难算出张三的最优组合为(50/3,0)，这与(1)的结果一致。

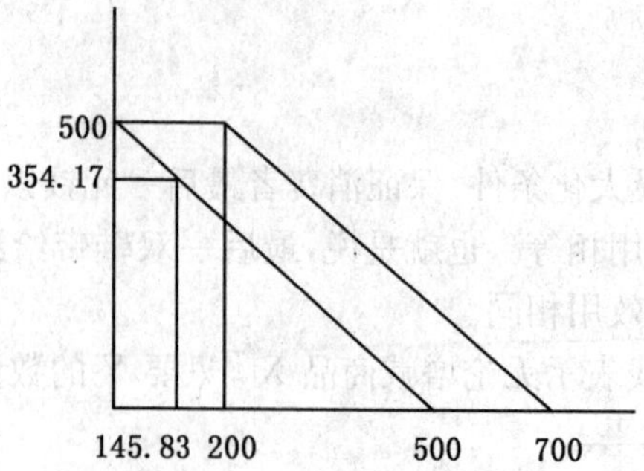

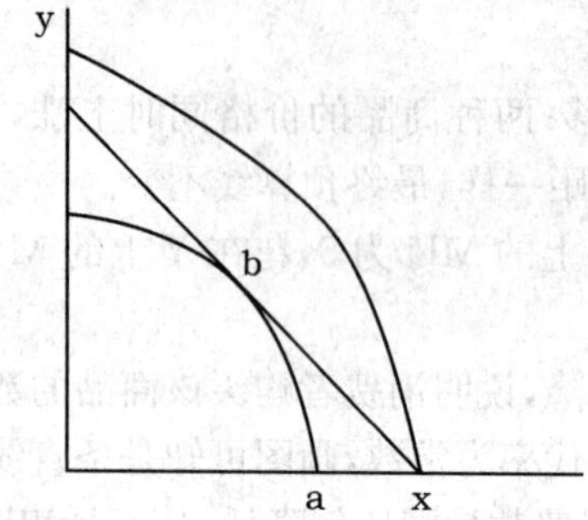

四、分析说明题

1.答：

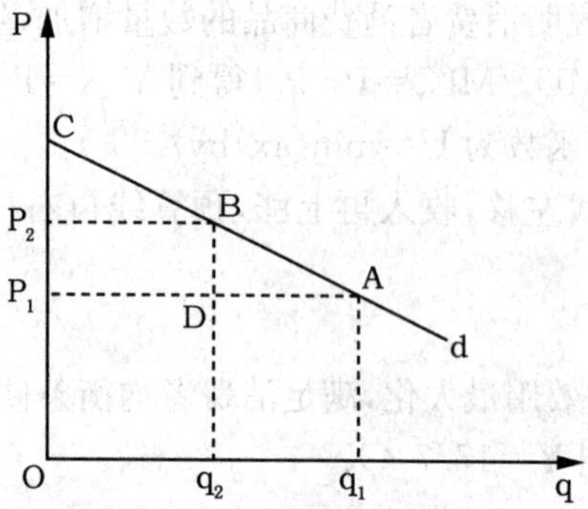

在上图中，AB 代表原来的预算线，AB′代表煤气涨价 100%但未给补贴的预算线，该预算线在横轴的截距应该正好是原预算线 AB 横轴截距的一半。

A_1B_1 代表煤气涨价并给 120 元补贴后的预算线，由于煤气涨价 100%，该消费者仍要消费数量 X_1 的煤气，就必须支出 240 元，而现在给 120 元补贴，与原来自己用于煤气的支出 120 元加在一起正好是 240 元，因而仍可以消费数量为 X_1 的煤气。因此，A_1B_1 必和 AB 相交于原均衡点 E_1，又由于电价未变，因而 A_1B_1 必和 AB 平行，在预算线 A_1B_1 上，消费者找到了新的均衡点 E_2，在 E_2 点上，消费者得到的效用为 U_2，大于在原来均衡点 E_1 得到的效用 U_1，从图中可见，该消费者会用多消费电来代替煤气的消费，煤气消费量由 X_1 减少到 X_2，而电的消费量由 Y_1 增加到 Y_2。

2.答：该消费者现在在无风险条件下(即不赌博)可以持有的确定的货币财富是 325 美元，而在风险条件下(即进行赌博)的财富的期望值也是 325(0.25×1 000+0.75×100=325)美元，由于他是风险回避者，他认为持有一笔确定的货币财富的效用大于在风险条件下赌博的期望效用,因而他会选择不赌博。如果他得到的是 320 美元,他是否会选择赌博取决于他的效用函数的形式。如果他是风险回避者,他仍不肯选择赌博。如果他是风险爱好者,他会选择赌博。如果他是风险中立者,他也会选择赌博,因为风险中立者关心的是货币期望值极大,而不管风险多大。显然,在 325>320 的情况下,他会选择赌博。

3.答:可用提高自来水的使用价格来缓解或消除这个问题。自来水的价格提高,一方面,用户会减少(节约)用水;另一方面,可扩大自来水的生产或供给。这样,自来水供应紧张的局面也许可以得到缓解或消除。

(1)采用这一措施,会使得用户消费者剩余减少。

在下图中,横轴代表自来水的数量,纵轴代表自来水的价格。直线 d 代表自来水的需求曲线。当自来水的价格从 OP_1 提高到 OP_2 时,用户对自来水的需求量从 OQ_1 下降到 OQ_2。于是,消费者剩余从 ΔP_1AC 减少为 ΔP_2BC。

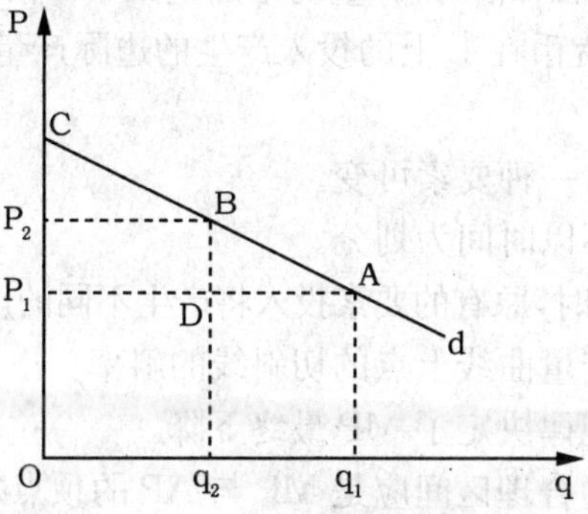

(2)对生产资源配置的有利效应是节约了用水,可使之用于人们更需要的用途上,从而使水资源得到更合理、更有效的使用。但这样做,也许会造成其他资源的浪费。比如,工厂里本来用水来冷却物体,现在要改用电来冷却,增加了对电和有关装置的需求。如果自来水的价格提高过度,必然会带来更多其他资源的额外消耗。这是不利的一面。

(3)如果城市居民收入不变,自来水的价格提高无疑是降低了居民的收入。补救的办法可以是给居民增加货币工资或予以价格补贴。

第四章　生产论

【基础知识练习】

一、选择题

1.B。股份制公司承担有限责任,容易筹措社会资金。

2.D。生产论中,长期还是短期按照投入要素是否可变进行划分。

3.B。$MP=\Delta TP/\Delta Q$。

4.A。B 项中 MP 减少,总产量会先以递减的速度上升。C 项中 MP 最终会与 AP 最高点相交,但不是必定,在第一阶段两者不相交。D 项 MP 先于 AP 下降。

5.B。在 L_3 的 AP 最大。A、B 项中 AC 的边际产量先升后下降。C 项中平均产量最小的点是 A 点。D 项中 CD 间的平均产量下降的。

6.D。边际生产力直观的反映是边际产量。

7.C。总产量代表可变要素投入变化时所对应的产量水平。

8.D。参考生产曲线图形。

9.B。按照生产者均衡的条件，$MP_L/MP_K=w/r$，将变量代入，可得 $MP_L=2$。

10.D。生产的第二阶段为 MP 与 AP 顶点之间。

11.D。处于对 L 的第Ⅲ阶段。

12.D。等成本线左移的原因，要么是成本减少，要么是要素价格同比上涨。

13.A。等产量曲线上任意两点代表投入要素不同，产生的产量水平相同。

14.B。两条曲线的横、纵坐标都是用两要素投入数量表示。

15.A。若两线没有交点，代表较高的产量水平或较低的成本水平。

16.C。此图形为固定投入比率生产函数。

17.B。规模报酬的分析中是假设要素同比例变化所带来的产量变化情况。

18.A。当 L、K 同比例增加 λ 倍时，产量的增加量大于 λ 倍。

19.A。条件说明每单位货币在 L 上的投入产生的边际产量更大，则厂商应选择增投 L。

二、判断题

1.正确。短期是指至少有一种要素可变。

2.错误。长期还是短期不以时间为划分。

3.正确。当技术水平变化时，原有的要素投入将产生不同的产量水平，形成新的函数关系。

4.正确。边际产量为总产量曲线上点的切斜线的斜率。

5.正确。边际报酬递减规律决定了 MP 最终下降。

6.正确。可变要素投入的合理区间应是 MP 与 AP 的顶点之间的区域。

7.正确。当投入增加时，总产量反而下降，厂商的利润减少。

8.错误。两线相交于 AP 的最高点。

9.正确。当平均产量上升时，说明增投要素是有效率的。

10.正确。当边际产量小于平均产量时，会将平均产量拉低。

11.正确。边际产量代表的是增加的量。

12.错误。要素投入之间有一定的比例要求，超过比例，会引起总产量的下降。

13.错误。Y 轴代表 K 的投入，向外扩展说明购买的该要素数量增加，则该要素的价格是下降的。

14.错误。等产量曲线代表的是提供的相同的产量水平。

15.错误。等产量线重在相同的产量。

16.正确。生产活动中讲究要素的合理搭配。

17.错误。生产者使用的要素的多少还取决于该要素的边际产量。相同价格的要素产生的边际产量水平不一样。

18.正确。投入要素的价格相等，则等产量线斜率为－1。

19.正确。扩展线是等斜线中斜率刚好等于等成本线时的特殊情况。

20.错误。规模报酬研究的是要素投入同比例变化时的特殊的规模变化的情况。不能一概而论地归为规模变动。

三、计算题

1.解：由生产者均衡的条件 $MP_L/MP_K=w/r$，

整理得到：$K=L$。

当产量为100时，$L^{2/3}K^{1/3}=100$，得到 K=L=100。

3.解：(1)由均衡的条件 $MP_L/MP_K=w/r$，可以得到：$4KL/2L^2=w/r$。

整理得：K=w/2r·L。

(2)由条件可得 $2KL^2=1\ 000$，

将 w=1、r=1 代入扩展线方程得 K=1/2L。

解得：K=5，L=10。

4.解：(1)假定在短期生产中，资本投入量不变，以 K 表示；而劳动投入量可变，以 L 表示。

对于生产函数 $Q=L^{1/3}K^{2/3}$，有：

$$MP_L=1/3L^{-2/3}K^{2/3}=1/3(K/L)^{2/3}$$

随着 L 投入的不断增加，MP_L的值不断递减，符合边际报酬递减规律。

同理可证得，随着 K 的投入不断增加，MP_K的值也不断递减。

(2)$Q=L^{1/3}K^{2/3}$，$f(\lambda l,\lambda k)=(\lambda l)^{1/3}(\lambda K)^{2/3}=\lambda L^{1/3}K^{2/3}=\lambda f(L,K)$。

所以，此生产函数属于规模报酬不变的生产函数。

四、简答题

答：生产的三个阶段是根据产量的变化将生产过程划分为平均产量递增、平均产量递减和边际产量为负三个阶段。第一阶段，可变要素的投入增加至平均产量达到最大。在此阶段，边际产量和平均产量都是递增的，所以理性的生产者不会选择减少这一阶段的劳动投入量，而是会继续增加劳动投入量。第二阶段，平均产量开始递减至边际产量为零。在此阶段，平均产量和边际产量都处于递减阶段，但总产量是增加的，且达到最大。第三阶段，总产量开始递减，边际产量为负。在此阶段，总产量开始下降，所以理性的生产者不会选择增加这一阶段的劳动投入量，而是会减少劳动投入量。综上所述，理性的生产者不会选择第一阶段和第三阶段进行生产，必然选择在第二阶段组织生产，即只有第二阶段才是可变要素投入的合理区域。但在这一区域中，生产者究竟投入多少可变要素以及可生产多少，必须结合成本函数才能确定。

【自我提高测试】

一、选择题

1.C。边际报酬递减规律是指每增加一单位可变要素，产生的产量的增加量是递减的。反过来，要增加相同的产量产出，则要投入更多的要素。

2.C。生产函数为 Q= 3L=K。边际技术替代率 $\Delta K/\Delta L=3=MP_L/MP_K$。

3.A。该函数投入的是三种要素，要素的指数相加大于1，则属于规模报酬递增。

4.A。规模报酬不变是指劳动资本都增加30%，则产出增加30%，此时资本未增加，则产出的增加不到30%。

5.A。该企业规模报酬递减，说明规模过大，带来产量增加量减少。若把企业分成两个小规模企业，则会消除规模报酬递减的影响。

二、计算题

解：(1)当资本投入固定时，厂商的生产函数为 $Q=10L-16L^2$，可得到：AP=10－16L，MP=10－32L。

(2)当总产量最大时，MP=0，厂商雇用劳动 L=5/16；当平均产量达到最大时，AP′=－16<0，所以平均产量一直递减，在其最大值 L=0 时处取得，此时厂商应雇用劳动量为 0。

(3)由(2)可知，当平均产量达到最大值时，厂商雇用劳动为 L=O。当 L=0 时，$AP_L=10$

$-16L=10$，$MP_L=10-32L$。因此可知，当 AP_L 达到最大值时，满足 $AP_L=MP_L$。

三、分析说明题

1.答：规模报酬递减是指生产要素的投入增加一倍，产量的增加将大于一倍。它是一个短期概念，而规模报酬分析属于长期生产理论。短期内，由于一种可变生产要素的生产函数的斜率是先增加后减少的，所以单个生产要素的边际产量存在递减，但是它仍然为正，即大于零，只要边际产量为正，总产量曲线的斜率也是正数，对应的总产量曲线就是增函数，总产量是增加的。单个要素的报酬问题涉及的则是企业规模已经固定下来，增加可变要素时相应的产量变化。事实上，当厂商的经营规模较大时，在给定技术状况下投入要素效率固定不变，即在规模报酬不变的同时，随着可变要素投入增加到足以使固定要素得到最有效的利用，然后继续增加可变要素，总产量的增加同样会出现递减现象。因此，规模报酬不变的厂商也可能面临单个生产要素的报酬递减现象。

2.答：(1)生产要素的最优组合就是利润最大化的要素组合。

(2)原因分析：

①生产要素的最优组合应满足的条件

生产要素的最优组合是指以最小的成本生产最大产量的要素组合。在现实的生产经营决策中，要素的最优组合又具体表现为以下两种情况：一是在成本既定的条件下，产量最大的要素组合；二是在产量既定条件下，成本最低的要素组合。在这两种情况下，要素组合应该满足的条件应该是：$MRTS_{LK}=MP_L/MP_K=w/r$。

即厂商可以通过对两种要素的投入量的不断调整，使得要素的边际技术替代率等于两种要素的价格比例，从而实现既定成本下的最大产量和既定产量下的最小成本。原因在于，由于边际技术替代率反映了两种要素在生产中的替代比率，要素的价格比例反映了两种要素在购买中的替代比率，所以，只要两者不相等，厂商总可以在总成本不变的条件下通过对要素组合的重新选择，使总产量得到增加；或者在总产量不变的条件下，使总成本减少。只有在两种要素的边际技术替代率和两种要素的价格比例相等时，生产者才能实现生产的均衡。

②利润最大化的要素组合应满足的条件

假定在完全竞争条件下，企业的生产函数为 $Q=f(L、K)$，既定的商品的价格为 P，既定的劳动的价格和资本的价格分别为 w 和 r，π 表示利润。由于厂商的利润等于收益减去成本，于是，厂商的利润函数为：

$$\prod(L,K)=Pf(L,K)-(wL+rK)$$

式中，$Pf(L,K)$ 表示收益，$(wL+rK)$ 表示成本。

根据利润最大化的一阶条件可以得到：

$$MP_L/MP_K=w/r$$

上式与最优生产要素组合的条件是相同的。这说明生产要素的最优组合就是利润最大化的要素组合。

第五章　成本论

【基础知识练习】

一、选择题

1.B。购买生产要素支付的费用，为实际发生已支付的，是显性成本。

2.B。这些成本都不随产量变化。

3.C。自己经营的成本为放弃的收入中最多的那个。

4.B。机会成本为会计成本加上隐性成本。会计成本为 10 000 元,隐性成本为 4 000 元,故选 B 项。

5.B。支付给自己的工资报酬为隐性成本。

6.C。经济成本=会计成本+隐性成本。

7.B。无差异曲线为消费者行为,因而可排除 C 项。当成本最小时,若不知产量水平或价格,则不一定利润最大。

8.C。TC=TVC+TFC。

9.D。产量越大,分摊的固定成本也就是平均固定成本越少,图形向右下倾斜。

10.D。产量由 7 增加到 9,总成本增加了 30,则每增加一个产量,带来的总成本增加量 MC 为 15。

11.D。MC 相交于 AC 与 AVC 的最低点。

12.D。原点出发的直线为 AC,相切为 MC,此时 AC=MC。

13.A。生产函数与成本函数互为反函数,当 MC 最小时,对应的 MP 的值最大。

14.C。从原点出发的切线为 AC 的最小值,此时等于 MC。

15.B。短期中,企业亏损,仍可继续营业,只要收益大于可变成本。

16.C。短期生产不存在规模的变化,SAC 呈现 U 形是由边际报酬递减规律引起的。

17.A。边际产量的递减对应的是边际成本的递增,则总成本以递增的速率上升。

18.A。长期总成本代表每个产量水平下的最低成本的点的轨迹。

19.B。当规模经济时,引起 LAC 下降。

20.B。工厂的数目翻番而使产量翻番说明处于规模报酬不变时期。

21.D。在 LAC 最低点,LAC=LMC=SAC=SMC。

22.B。边际报酬是指随着可变要素投入的变化,带来的总产量的增加变动情况。

23.A。规模经济是产量增加比例大于成本增加比例,平均成本曲线会下降。

24.C。平均成本=平均可变成本+平均固定成本。

二、判断题

1.错误。正常利润是厂商对自己所提供的企业家才能的支付报酬。

2.错误。当经济利润为 0 时,企业仍然获得了全部的正常利润。

3.正确。经济学家计算的机会成本是会计成本加上隐性成本。

4.错误。成本是关于产量的函数 C=F(Q)。

5.错误。生产函数与成本函数互为反函数。当 MP 最高时,对应的 MC 最低。

6.正确。AFC 随产量增加而递减,但总是会存在。

7.正确。短期生产与成本由边际报酬递减规律决定。

8.正确。由各短期成本曲线的组图可知。

9.正确。生产函数与成本函数互为反函数。

10.错误。左侧的 AC 下降,此时 MC<AC。

11.错误。8 个时,总成本为 80;9 个时,总成本为 99。因此,边际成本为 11。

12.正确。MC=dTC/dQ= dTVC/dQ。

13.错误。平均固定成本曲线向右下倾斜。

14.错误。短期内,收益小于固定成本,厂商会选择停产。

15.错误。LAC 下降阶段,相切于 SAC 左侧的点,只有在 LAC 最低点才与 SAC 相切。

16.正确。短期内,厂商只能在既定的规模下寻找最小的成本来生产。

17.正确。LTC 总是小于等于 STC。

18.正确。规模经济或内在经济决定了 LAC 下降。

19.错误。规模报酬对应的是短期成本。

20.错误。在 LAC 最低点时才与 SAC 最低点相切。

21.错误。规模不经济代表产出增加的倍数大于成本增加的倍数。

22.错误。当生产者均衡时,最后一单位支出购买任一要素得到的边际产量相等。

三、计算题

1.解:$TVC=Q^3-10Q^2+27Q$

$AC=TC/Q=Q^2-10Q+27+66/Q$

$AVC=TVC/Q=Q^2-10Q+27$

$MC=3Q^2-20Q+27$

当 $AVC'=0$ 时,AVC 存在最小值,此时 $Q=5$,$AVC=2$。

2.解:每单位产量的相关成本如下表:

房屋数量	AFC	AVC	AC
1	2 000	100	2 100
2	1 000	100	1 100
3	2 000/3	400/3	800
4	500	200	700
5	400	320	720
6	1 000/3	1 600/3	2 600/3
7	2 000/7	6 400/7	1 200

注:有效规模为每月油漆房屋的数量为 4,此时平均成本最小。

3.解:(1)若占有 50%的市场份额,Q 为 500,平均成本则为 $C/Q=4\ 736.6$。

若占有 20%的市场份额,Q 为 200,平均成本则为 $C/Q=4\ 821.5$。

因此,占有 50%的市场份额更有成本优势。

(2)长期边际成本为 460 800 美元,在 200~700 的产量范围内,边际成本为常数。

(3)存在规模经济。因为长期平均成本为 $460\ 800+28\ 303\ 800/Q$,Q 越大,平均成本越小。

4.解:(1)将 $Y=484$ 代入生产函数,得 $484=(2X^{1/2}+Z^{1/2})^2$,

整理得:$Z=(22-2X^{1/2})^2$,

所以,成本函数为 $C=30X+20Z+50$,将 Z 代入,求解 C 的最小值,可得 $X=64$。

分别带入上述式子,可得:$Z=36$,$C=2\ 690$。

(2)把生产函数中的 Y 看作一定数值时,整理生产函数可得:$Z=(Y^{1/2}-2X^{1/2})^2$。

总成本函数即为:$C=30X+20Z+50$。

将 Z 带入函数 C,求得极小化条件为 $X=16Y/121$,代入上述式子,得到成本函数为 $C=60Y/11+50$。

5.解:(1)由生产函数可得 $X/L=-0.1L^2+6L+12$,可求得当 $L=30$ 时,AP 有极值。

(2)由生产函数可得劳动的边际产量为：$MP=0.3L^2+12L+12$，

当 $MP'=0$ 时，MP 的值最大，此时 $L=20$。

(3)由(1)可知，$L=30$ 时，AP 最大，此时平均可变成本最小。

由生产函数可得：当 $L=30$ 时，$X=3\,060$。

(4)利润最大的条件是：$MRP=P\cdot MP=W$

$MP=W/P=-0.3L^2+12L+12=12$

求得：$0.3L=12$，$L=40$

既然当 $L>30$ 时，$AP>MP$，所以进行生产是合算的。

当 $L=40$ 时，$X=3\,680$。

(5)停止扩大生产点是 AP 的最大点，因此由(1)可知，$L=30$。

利润最大的条件是：$MP=W/P$

$L=30$ 时，$MP=102=510/P$，得到 $P=5$ 元。

(6)由于 $MP=W/P$，当 $L=36$ 时，$MP=55.2$，得到 $W=552$。

当 $L=36$ 时，$X=3\,542.4$，总收益 $=3\,542.4\times10=35\,424$。

$TVC=552\times36=19\,872$，所以 TFC＋利润 $=15\,552$。

$TFC=15\,000$，利润 $=552$。

【自我提高测试】

一、选择题

1.B。当 $MP<AP$ 时，AP 下降。

2.B。$MP=14$，$AP=8$，MP 大于 AP，拉动 AP 上升。

3.C。当 MC 最小时，对应 MP 的最大值。

4.A。STC 曲线总是递增的，当边际报酬递减时，要素投入使用的效率降低，成本增加的较快。

5.C。若 $MC>AVC$，则 MC 将 AVC 拉升。

6.C。由图形可知，AC 的最低点在 TP 顶点之前。

7.C。劳动的边际报酬不变，说明产量随劳动等比增加。由于两者等比增加，则平均成本不变。

8.A。该产量对应最优规模下的最小边际成本。

9.B。均衡代表着成本极小化或者产量最大化。

10.B。按照生产者均衡的条件计算可得。

二、判断题

1.正确。成本函数与产量函数互为反函数。

2.正确。长期成本曲线代表在某一不变规模下，厂商生产的最小成本。

3.正确。边际成本与边际产量互为反函数，而边际收益递减规律决定了边际产量曲线的形状，从而也决定了边际成本曲线形状。

4.错误。厂商边际收益只要大于边际成本，即边际成本大于平均可变成本以上才会生产。

5.错误。在短期内，即使产量为 0，仍然存在固定成本。

6.错误。规模收益递增代表产量增加的比例大于规模扩大的比例，是由规模扩大引起的。

三、计算题

1.解：(1)TC＝PL＋PK＝L＋4，当 K＝2 时，$Q=8L/(2+L)$，得到 $L=2Q/(8-Q)$，代入 TC，得到：$TC=2Q/(8-Q)+4$，$AC=2/(8-Q)+4/Q$，$AVC=2/(8-Q)$，$MC=16/(8-Q)^2$。

(2)当 $AC'=0$ 时，AC 最小，求得 $Q=16-8\sqrt{2}$。

将 Q 值代入 AC，可得 $AC=(1+\sqrt{2})/(4\sqrt{2}-4)$。

2.解：(1)产出为 8 个单位时，工厂 A 的短期成本 TC＝128，工厂 B 的 TC＝114，所以选择建造工厂 B。

(2)如果建造工厂 A，需要它的短期成本小于工厂 B 的短期成本，即：

$$80+2Q+0.5Q^2<50+Q^2$$

解得：Q＞10。如果建造工厂 A，则需要产出量大于 10 个单位。

第六章　完全竞争市场

【基础知识练习】

一、选择题

1.D。完全竞争市场的概念。

2.B。垄断竞争市场的概念。

3.C。农产品最接近完全竞争市场。

4.C。在 MR＝MC 上，厂商可以盈利，也可以亏损。

5.B。完全竞争企业的需求曲线是水平形状。

6.C。完全竞争市场满足 MR＝AR＝P 为水平线且 TR 为右上方倾斜的直线。

7.B。完全竞争市场满足 MR＝AR＝P 为水平线。

8.D。厂商在 P＝AR＝AVC 时停止营业，此时 TR＝TVC，企业损失 TFC 即固定总成本。

9.B。厂商在 P＝AR＝AC 时实现收支平衡。

10.A。利润最大化的条件为 MR＝MC。

11.B。当 MR＝MC 时，完全竞争厂商处于短期均衡。

12.A。完全竞争厂商的短期供给曲线是 SMC 上大于和等于停止营业点，即大于和等于 AVC 最低点的部分。

13.D。完全竞争行业的短期供给曲线向右上方倾斜，表明价格和供给量同方向变化。

14.B。超额利润的存在会吸引新厂商进入该行业，从而导致 P 下降，进入的单个厂商供给量下降。

15.C。完全竞争厂商长期中价格等于 LAC，则实现长期均衡。

16.A。完全竞争厂商长期均衡的条件是 MR＝LMC＝SMC＝LAC＝SAC。

17.B。完全竞争厂商实现长期均衡时，厂商利润为零。

18.B。成本递增行业的长期供给曲线向右上方倾斜。

19.B。在成本不变行业中，需求增加，导致供给量增加，但价格不变。

20.D。成本递减行业中长期供给曲线向右下方倾斜。

二、判断题

1.错误。从对完全竞争市场的分析，可以得到市场机制的一些原理，为评价其他类型的市场提供参照物。

2.错误。完全竞争厂商是价格的接受者。

3.错误。生产者行为的目标是利润最大化。

4.正确。完全竞争市场满足 AR＝MR＝P。

5.错误。在 MR＝MC 的情况下，厂商有可能盈利，有可能亏损。

6.正确。完全竞争厂商的短期供给曲线是 SMC 的一部分，且向右上方倾斜。

7.正确。TR 的斜率为 MR，且 MR＝P 为既定值。

8.错误。完全竞争厂商是价格的接受者。

9.错误。成本递增行业的长期供给曲线向右上方倾斜，表示随着供给量的增加，长期供给价格是上升的。

10.错误。完全竞争厂商的需求曲线呈水平形状，是完全富有弹性。

11.错误。在完全竞争行业中，MC 为 U 型。

12.错误。当 AVC＜AR＜AC 时，则企业可以继续生产，但是亏损的。

13.正确。P＝MR＞MC，企业仍然能够从新增产量中获得收益，因而可以继续生产。

14.错误。在长期中，完全竞争厂商而利润为零，此时，既没有厂商进入也没有厂商退出行业。

15.正确。在长期中，完全竞争市场的价格在 LAC 的最低点。

16.正确。在长期中，MR＝LMC＝SMC＝LAC＝SAC，所有厂商具有相同的成本曲线。

17.正确。需求曲线与 LAC 相切，说明价格处在 LAC 的最低点。

18.正确。产品同质即任何差异都不存在。

19.错误。企业成本达到最小值，短期中收支相抵，利润为零。

20.正确。成本不变行业的供给曲线为水平直线，表明市场需求发生变化，则供给量同方向变化，但是价格不变。

三、简答题

1.答：完全竞争市场必须具备以下四个条件：

(1)市场上有大量的买者和卖者。由于市场上有无数的买者和卖者，所以相对于整个市场而言，每一个买者的需求量和卖者的供给量都微不足道，单个企业供给量的改变不会对市场均衡价格产生影响，单个企业只能被动地接受既定的市场均衡价格。

(2)市场上每一个企业提供的产品都是完全同质的，即企业之间提供的产品完全无差别，这里既包括产品无质量、规格、商标等方面的差别，也包括无购物环境、售后等方面的差别。在这种条件下，消费者购买任何一个企业的产品都一样。因此，如果单个企业提价，则其产品销售量将为零，说明企业不会单独提价；同时，企业也没有必要单独降价，因为单个企业可以按照既定的市场价格实现属于自身的微小的销售份额。这进一步说明完全竞争企业是产品既定市场均衡价格的被动接受者。

(3)所有的资源可以自由流动。这意味着企业进入或退出一个完全竞争行业是没有任何障碍的。如果完全竞争行业想达到长期均衡状态，其利润应等于零。

(4)完全信息，即市场上的每个买者和卖者都拥有与自己的经济决策有关的一切信息。这意味着，每个买者和卖者都知道既定的市场均衡价格，都按照这一既定的市场价格进行交易，这排除了企业利用信息不完全来影响产品价格的可能，进一步反映了完全竞争企业的价格接受者地位。

2.答:企业的收益取决于市场上对其产品的需求状况,即企业的需求曲线。在完全竞争市场上,由于企业是既定价格的接受者,所以完全竞争企业的需求曲线是一条从既定价格出发的水平线。水平的需求曲线表示:在每一个销售量上,企业的销售价格是不变的,于是,企业的平均收益和边际收益都等于既定的市场价格,即 $P=MR=AR$。因此,利润最大化原则 $MR=MC$ 可以表示为 $P=MC$。

四、计算题

1.解:$P=MR=MC=10$

$TR=P\cdot Q=10Q=5\ 000$

得:$Q=500$

$TFC=AFC\cdot Q=(AC-AVC)\cdot Q=(8-5)\cdot 500=1\ 500$

2.解:(1)SAC 最低点为收支相抵价格。

$SAC=TC/Q=(Q^3-9Q^2+81Q+25)/Q=Q^2-9Q+81+25/Q$

$SAC'=2Q-9-25/Q^2=0, Q=5$

此时,收支相对价格 $P=66$。

AVC 最低点为停止营业点。

$AVC=TVC/Q=(Q^3-9Q^2+81Q)/Q=Q^2-9Q+81$

$AVC'=2Q-9=0$,则 $Q=4.5$

此时,停止营业点的价格 $P=60.75$。

(2)$P=MR=MC=81$

$MC=TC'=3Q^2-18Q+81=81, Q=6$

利润 $=PQ-TC=81\times 6-(6^3-9\times 6\times 6+81\times 6+25)=486-403=83$。

【自我提高测试】

一、选择题

1.C。因为 $AVC<P<AC$,所以继续生产,但会亏损。

2.A。$MC=9Q^2-120Q+800$,$AC=3Q^2-60Q+800$,$MC=AC$,则 $Q=10$,处于停止营业点,因此是亏损。

3.A。在长期,单个企业的产量会减少,因此会雇用较少的劳动,规模也会下降。

4.B。完全竞争行业短期中厂商获利,会吸引其他企业进入,最终使得单个企业利润为零。

5.D。完全竞争厂商长期均衡条件。

6.B。行业供给曲线比企业供给曲线平坦些。

二、判断题

1.错误。划分市场结构的条件有四个。

2.正确。完全竞争厂商不能改变价格,是价格的接受者。

3.错误。完全竞争厂商在现实中不存在,只有农产品市场接近。

4.错误。行业产量变化不一定引起要素价格变化,比如成本不变行业。

5.正确。短期是指厂商不能改变生产规模。

6.错误。SMC 与 SAC 交于 SAC 的最低点,是收支相抵点。

7.错误。SMC 与 AVC 交于 AVC 的最低点,是停止营业点。

8.正确。供给曲线垂直表明一丁点产量变化都会引起价格极大的变化。

9.正确。规模收益递减与外部不经济形成成本递增行业,供给曲线向右上方倾斜。

10.正确。完全竞争市场中的同质产品不存在任何差异。

三、计算题

1.解:(1)MC=Q+1,Q=P−1

Q=500P−500。

(2)500P−500=4 000−400P,P=5。

(3)STC= $0.5Q^2+Q+10+0.9Q=0.5Q^2+1.9Q+10$

P=MC=Q+1.9,Q=P−1.9

500 家供给函数:Q=500P−950

新均衡:500P−950=4 000−400P,P=5.5,Q=1 800。

2.解:(1)70 000−5 000P=40 000+2 500P

则 P=4=LAC 最低点,所以市场处于长期均衡。

(2)当 P=4 时,每个厂商的产量为 500,市场供给 Q_S=50 000,所以该行业有 100 个厂商。

(3)100 000−5 000P=40 000+2 500P,P=8,Q=60 000。

此时,每个厂商产量为 600。

由于销售价格 P=8>SAV=4.5,所以厂商是盈利的。

四、图形分析题

1.答:在完全竞争市场条件下的短期生产中,不仅产品市场的价格是既定的,而且生产中的不变要素投入量也是无法改变的,即厂商只能用既定的生产规模进行生产,所以,厂商只有通过对产量的调整来实现 MR=MC 的利润最大化原则。厂商短期均衡时的盈亏状况可以用下图来说明。

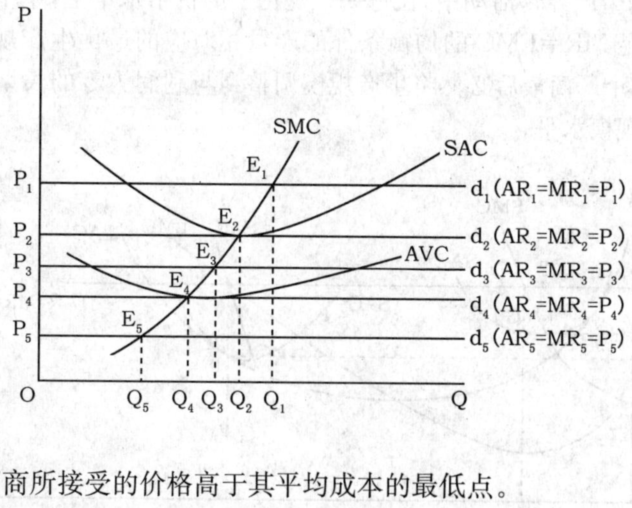

第一种情况:厂商所接受的价格高于其平均成本的最低点。

当市场价格为 P_1时,相应的厂商所面临的需求曲线为 d_1,根据 MR=SMC 的利润最大化原则,厂商选择的最优产量为 Q_1。因为在 Q_1的产量上,SMC 曲线和 MR_1曲线相交于 E_1点,E_1点是厂商的短期均衡点。此时,厂商获得超额利润。

第二情况:厂商所接受的价格等于其平均成本的最低点。

相对于第一种情况,市场价格由 P_1下降为 P_2,厂商所面临的需求曲线相应地向下平移为 d_2曲线,厂商所面临的需求曲线 d_2恰好与短期平均总成本 SAC 曲线相切于后者的最低点 E_2,

短期边际成本 SMC 曲线也经过该点。由于该点就是 SMC 曲线和 MR_2 曲线的交点，所以，E_2 点就是厂商的短期均衡点，相应的均衡产量为 Q_2。由于在这一点上，厂商既无利润，又无亏损，所以，SMC 曲线与 SAC 曲线的交点也被称为厂商的收支相抵点。此时，厂商仅仅获取正常利润。

第三种情况：厂商所接受的价格低于其平均成本最低点。

当市场价格继续降为 P_3 时，相应的厂商所面临的需求曲线为 d_3，SMC 曲线和 MR_3 曲线的相交所决定的短期均衡点为 E_3，均衡产量为 Q_3。在 Q_3 的产量水平，厂商是亏损的，因为只有这样，厂商才能在用全部收益弥补全部的可变成本之后，还能弥补在短期内总是存在的不变成本的一部分。因此，在这种情况下，生产要比不生产强。

当市场价格进一步下降为 P_4 时，相应的厂商所面临的需求曲线为 d_4，而且 d_4 曲线与 AVC 曲线恰好相切于后者的最低点 E_4，SMC 曲线也经过该点。在这种情况下，根据 MR＝SMC 的利润最大化的原则，E_4 点就是厂商的短期均衡点。在均衡点 E_4 上，平均收益小于平均总成本，厂商是亏损的。同时，平均收益与平均可变成本相等，都为 E_4Q_4。于是，厂商可能继续生产，也可能不生产。通常称该点为停止营业点或关闭点。

当市场价格下降为更低的 P_5 时，相应的厂商所面临的需求曲线为 d_5，MR_5＝SMC 的短期均衡点为 E_5，均衡产量为 Q_5。这时，厂商亏损，停止生产。因为假如厂商继续生产，其全部收益甚至可变成本都无法全部弥补，就更谈不上对不变成本的弥补了。事实上，厂商只要停止生产，可变成本就降为零。显然，此时不生产要比生产强。

综上所述，完全竞争厂商短期均衡的条件是：MR＝SMC。

其中，MR＝AR＝P。在短期均衡时，厂商可以获得最大利润，可以利润为零，也可以蒙受最小亏损。

2.答：在企业的生产经营活动中，在每一个变化了的价格水平上，单个厂商都会将生产规模调整到能够与满足 MR＝LMC 的均衡条件的产量相对应的最优生产规模。在这样一个不断的调整过程中，单个厂商最后必然将生产规模调整到与利润为零的长期均衡所要求的产量相适应的最优生产规模水平。

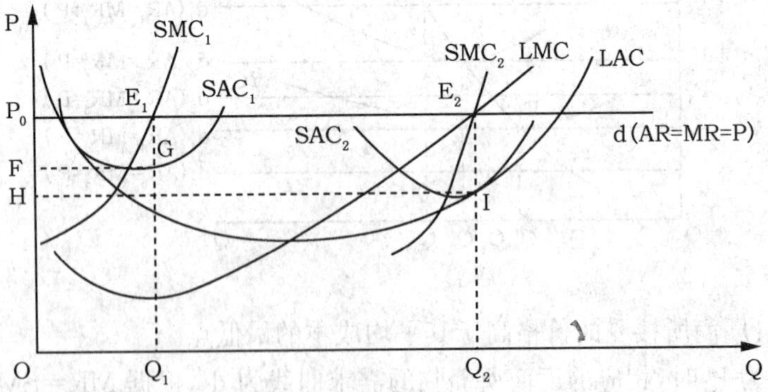

如上图所示，假定最初的市场价格为 P_0，厂商所面临的需求曲线为 d，厂商所拥有的生产规模由 SMC_1 曲线和 SAC_1 曲线表示。在短期内，厂商无法变动不变要素的投入，只能以既定的生产规模进行生产。因此，根据 MR＝SMC 的均衡原则，厂商在 E_1 点实现短期均衡。此时，厂商是亏损的。

但在长期内，情况就不同了。面对不变的市场价格 P_0 的既定的市场需求状况即 d 曲线，厂商可以通过对生产规模的调整使自己的经营状况得到改善。如上图所示，根据 MR＝LMC 的均衡原则，厂商在 E_2 点实现均衡，厂商所确定的均衡产量为 Q_2，而生产 Q_2 产量的最优生产规模由 SMC_2 曲线和 SAC_2 曲线所代表。于是，厂商必会将生产规模调整到该水平，从而以尽可能低的平均总成本生产 Q_2 的产量。在均衡点 E_2 上，厂商获得了利润，单位产品的利润量为 P_0H。

由于单个厂商能获得利润，便有新的厂商加入到该行业的生产中来。假定行业供给的增加过猛，从而使得市场价格降为 P_3，单个厂商所面临的需求曲线向下平移为 d_3 曲线，如下图所示。面对新的市场价格和市场需求状况，如果厂商继续使用 SMC_1 曲线和 SAC_1 曲线所代表的生产规模进行生产，就会蒙受较大亏损。在长期内，厂商必然会根据 MR＝LMC 的均衡原则，将生产规模调整到能够生产均衡点 E_3 上均衡产量为 Q_3 的最优生产规模的水平，即 SMC_3 曲线和 SAC_3 曲线所代表的生产规模。这样，厂商虽然仍是亏损的，但亏损总量却减少了。由于单个厂商的亏损，行业中原有厂商的一部分会退出。于是，市场价格和厂商所面临的需求状况又会发生变化，这意味着厂商又将对生产规模做出相应的调整。

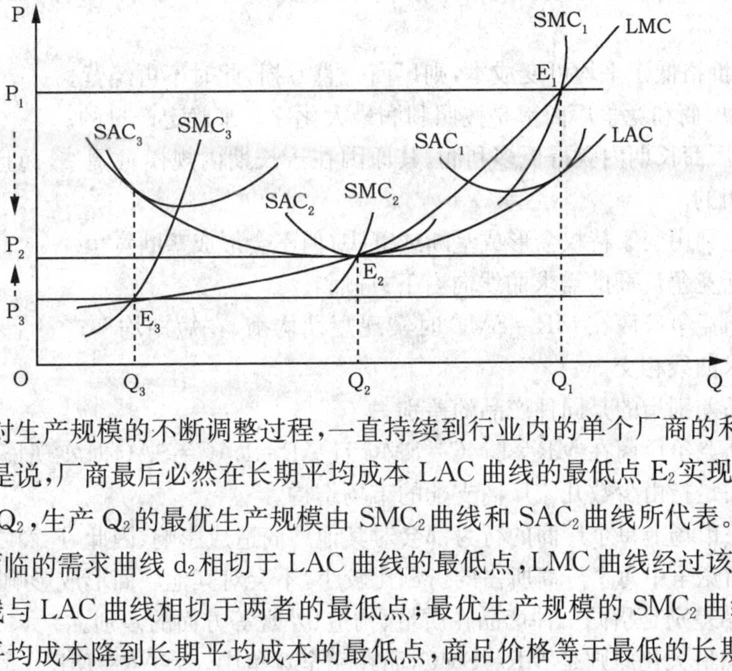

以上厂商对生产规模的不断调整过程，一直持续到行业内的单个厂商的利润或亏损都消失为止。这就是说，厂商最后必然在长期平均成本 LAC 曲线的最低点 E_2 实现长期均衡，相应的均衡产量为 Q_2，生产 Q_2 的最优生产规模由 SMC_2 曲线和 SAC_2 曲线所代表。在长期均衡点 E_2 上，厂商所面临的需求曲线 d_2 相切于 LAC 曲线的最低点，LMC 曲线经过该点；最优生产规模的 SAC_2 曲线与 LAC 曲线相切于两者的最低点；最优生产规模的 SMC_2 曲线也经过该点。此时，生产的平均成本降到长期平均成本的最低点，商品价格等于最低的长期平均成本。总之，完全竞争厂商的长期均衡点出现在 LAC 曲线的最低点。

因此，可以得到完全竞争厂商长期均衡的条件为：MR＝LMC＝SMC＝LAC＝SAC。其中，MR＝AR＝P。此时，单个厂商的利润为零。

3.答：不能。在长期中，厂商数目是可以变动的，当市场需求持续性扩大时，不仅该行业中原有厂商生产规模可扩大，而且厂商会增加。在完全竞争行业达到长期均衡状态时，与厂商均衡供给量（从而行业供给量）相对应的成本不是边际成本，而是厂商的长期平均曲线的最低点的平均成本，因而行业长期供给曲线是由市场需求扩大（缩减）引起的行业供求平衡时各厂商 LAC 曲线的最低点的轨迹，因而不能再是厂商供给曲线的水平相加。根据行业需求和生产变动时产品成本变动的不同情况，行业长期供给曲线的形状可能为水平直线、右上方倾斜和右下方倾斜三种不同的情况。

第七章　不完全竞争市场

【基础知识练习】

一、选择题

1.C。因为 $dAR/dQ=-b$,$dMR/dQ=-2b$,所以平均收益曲线斜率是边际收益曲线斜率的一半。

2.C。如果 LAC＞P,则长期会处于亏损状态,所以厂商应该歇业并整理资产。

3.B。可口可乐公司有竞争对手,所以不是唯一的生产厂商。

4.B。垄断厂商需求的价格弹性为 $ed=-(dQ/dP)(P/Q)$,且 $ed>1$,$ed<1$ 或者 $ed=1$。不过,垄断厂商一般选择在富有弹性区间确定产量。

5.A。形成垄断壁垒的原因可以是资源控制、专利权、政府特许和自然垄断。

6.D。垄断厂商有右下方倾斜的需求曲线,产量提高时,价格下降,且 MR 曲线低于需求曲线。

7.C。如果价格低于平均可变成本,则厂商一直亏损,此时不再经营。

8.A。垄断厂商和竞争厂商都是按照利润最大化原则来确定产量的。

9.B。垄断厂商长期内获得更多利润,其原因在于长期内规模可调整,而且市场对新加入厂商是完全封闭的。

10.B。企业利用国家特权会形成垄断或寡头,但不会形成垄断竞争。

11.D。垄断竞争厂商的需求曲线向右下方倾斜。

12.C。垄断竞争厂商在 MR＝SMC 时实现短期均衡,在短期均衡产量上,存在主观需求曲线与客观需求曲线相交。

13.C。产品差别指的是同种产品的差别。

14.C。垄断竞争厂商在 MR＝LMC＝SMC 且 AR＝LAC＝SAC 时实现长期均衡。

15.C。寡头是指由少数几家厂商支配的市场结构。

16.B。寡头市场上每个厂商的行为都会对其他厂商造成影响,因此,厂商之间关系密切。

17.B。垄断竞争中每个厂商所占的份额比较小,不会对其他厂商形成影响。

18.A。产品差别是指同一种产品在质量、构造、外观等方面的差别。

19.A。利润最大化原则是 MR＝SMC,而在完全竞争中,d＝AR＝MR。

20.D。不完全竞争市场的供给曲线都不存在。

二、判断题

1.错误。垄断厂商要按照利润最大化原则来定价,不能随心所欲。

2.正确。垄断市场只有一个厂商,所以厂商需求曲线就是市场需求曲线。

3.错误。垄断厂商的 MR 曲线的横截距是 AR 曲线横截距的一半。

4.正确。垄断厂商的需求曲线和收益曲线的特征对于其他非完全竞争市场的厂商也同样适用。

5.错误。垄断厂商不存在有规律性的厂商和行业的供给曲线。

6.正确。垄断厂商的长期均衡条件是 MR＝LMC＝SMC。

7.错误。垄断厂商对一种产品在不同的市场上收取不同的价格是三级价格歧视。

8.正确。垄断竞争市场中有许多厂商生产和销售有差别的同种产品。

9.正确。在垄断竞争市场中，产品差别不仅指同一种产品在质量、构造、外观等方面的差别，还包括商标、广告方面的差别和以消费者想象为基础的任何虚构的差别。

10.错误。垄断竞争厂商向右下方倾斜的需求曲线比较平坦，相对比较接近完全竞争厂商的水平形状需求曲线。

11.错误。垄断竞争厂商的短期均衡条件是 MR＝SMC。

12.错误。垄断竞争厂商同垄断厂商一样，不存在有规律的供给曲线。

13.正确。垄断竞争厂商在 MR＝SMC 所对应的产量上实现短期均衡。此时可以获得最大利润，可以利润为零，也可以蒙受最小亏损。

14.错误。垄断竞争厂商的 AR 和 d 重合，但是 AR 与 MR 是不重合的。

15.错误。在长期均衡的产量上，垄断竞争厂商的利润为零，且存在一个 d 需求曲线和 D 需求曲线的交点。

16.错误。寡头市场是指少数几家厂商控制整个市场的产品生产和销售的一种市场组织。

17.错误。双头寡头模型是指古诺模型。

18.错误。斯塔克伯格模型任务领导型厂商首先决定产量，其他追随型厂商接受该产量。

19.正确。斯威齐模型也称为弯折的需求曲线模型，并由此可以得到间断的边际收益曲线。

20.错误。垄断竞争模型存在主观和客观两条需求曲线。

三、简答题

1.答：(1)独家供给；(2)产品不能替代；(3)独自决定价格；(4)实行差别定价或价格歧视；(5)新厂商很难或不能进入。

2.答：(1)生产集团中有较多的厂商生产有差别的同类产品。

(2)厂商数目较多，每一个厂商都有众多的竞争对手。他们相互之间有影响但彼此意识不到。

(3)每个厂商所占的市场份额比例较小，对市场价格的影响力有限。

(4)要素流动比较自由。

四、计算题

1.解：$P=100-4Q$，则 $TR=100Q-4Q^2$，故 $MR=100-8Q$；

$TC=50+20Q$，则 $MC=20$；

根据 $MR=MC$，得 $Q=10$，$P=60$，利润为 350。

2.解：反需求函数为 $P=140-Q$，$MR=140-2Q$

$MC=TC'=(5Q^2+20Q+10)'=10Q+20$

令 $MR=MC$，则：

$140-2Q=10Q+20$，$Q=10$，$P=130$

利润$=PQ-TC=1300-710=590$。

3.解：$MR=150-6.5Q$

$MC=TC'=(0.1Q^3-6Q^2+140Q+3\,000)'=0.3Q^2-12Q+140$

令 $MR=MC$

$150-6.5Q=0.3Q^2-12Q+140$，$Q=20$，$P=85$。

【自我提高测试】

一、选择题

1.B。因为 MR=P(1−(1/ed))。

2.D。不完全竞争市场的供给曲线不存在。

3.B。价格歧视是指以不同价格销售同一种商品，而大包裹和小包裹是不同商品，可以有不同定价。

4.B。垄断竞争厂商长期均衡必须满足 AR=LAC=SAC，而向右下方倾斜的 AR 必定切于 LAC 的下降段。

5.D。当 MR=MC 时，实现均衡；而当 MR>MC 时，厂商将扩大产量。

6.C。在古诺模型中，A 厂商增加产量，则市场价格下降，此时 B 必须降价才能维持销售量。

7.A。拐点左侧需求曲线平坦，右侧陡峭，因此左边的弹性大于右边的弹性。

8.B。斯威齐模型的假设是一个厂商提价而其他厂商不改变价格，那么此时整个市场的价格可能是不变的。

9.B。勾结发生在寡头厂商的情况下，寡头厂商相互之间是竞争和互动的。

10.C。在寡头市场中，一个企业的销售量对其他企业是有影响的。

二、判断题

1.错误。垄断市场资源不能得到充分配置，因而是经济效率最低的市场。

2.错误。垄断行业由于只有一个厂商，因而可以通过减少产量来提高价格，所以价格不一定会比竞争市场低。

3.错误。古诺模型假定每个厂商都消极地以自己的产量去适应对方已确定的产量，因此厂商产量都可以改变。

4.错误。完全竞争行业供给曲线向右下方倾斜，而垄断竞争行业不存在供给曲线。

5.正确。斯威齐模型假定一个寡头厂商提高价格，其他厂商不会改变自己价格，因而提价厂商的销售量减少很多。这表明这个厂商不能控制市场价格，因为暗含了没有企业占支配地位。

6.正确。自然垄断是指企业的规模经济需要在一个很大的产量范围内才能体现。

7.正确。弯折需求曲线解释了寡头市场上价格刚性的现象，只要 SMC 变动不超过边际收益曲线垂直间断范围，寡头厂商的均衡价格和均衡数量都不会发生变化。

8.正确。当价格位于 LAC 最低点时，厂商的经济利润为零。

9.错误。用博弈论来分析寡头市场。

10.正确。在垄断竞争中，因为产品差异，每个厂商都对自己的产品都有一定的垄断力量，所以资料配置不能完全。

三、论述题

1.答：因为只有一家诊所，所以该医生处于一种医疗服务的垄断地位。由于其位置相对较为偏僻，可以近似认为该诊所没有竞争者。其次，医疗服务一般是不能转让的。不同的服务对象实际上处于不同的市场。再次，不同的病人由于收入、教育、家庭背景等原因，各自的需求价格弹性不同。因此，该诊所能实行三级价格歧视。

2.答：(1)略。

(2)在完全竞争条件下，dd、MR 和 AR 重叠，它与 AC 的最低点相切，并且 MC 通过这个切点。厂商的产量由 MR=MC 的交点决定，在此产量下，产品价格由 dd(AR)决定，成本由

AC 决定(如下图所示)。

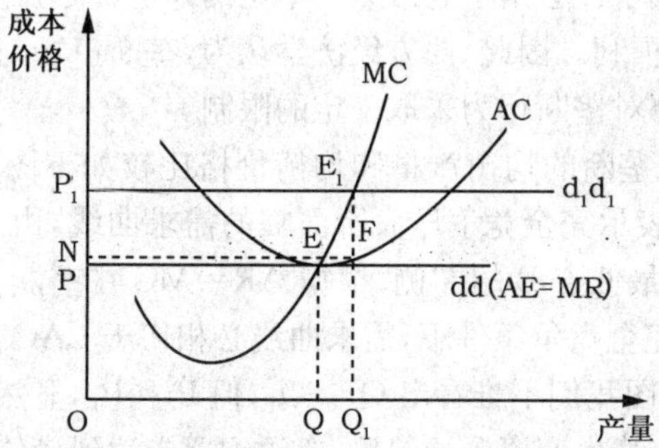

在上图中,E 是完全竞争条件下的均衡点,OP 为均衡价格,Q 为均衡产量。此时市场出清,资源达到最优配置。

但是,如果市场价格大于均衡价格,厂商可以获得超额利润。由于超额利润吸引新厂商加入,产量增加,价格下降,一直降到均衡价格水平,超额利润消失为止。如上图所示,若 P 上升到 P_1,则 MC 交 MR 于 E_1,其产量为 Q_1,E_1Q_1交 AC 于 F。此时,总利润为 $OP_1E_1Q_1$的面积,成本为 $ONFQ_1$的面积,超额利润为 NP_1E_1F 的面积。

如果市场价格低于均衡价格,则厂商出现亏损。于是,厂商退出该行业,产量减少,价格上升,一直到恢复均衡价格为止。

在完全垄断条件下,dd 与 AR 重叠并且向右下方倾斜。这是因为垄断厂商规定价格,需求曲线就是该厂商的卖价(平均收益),边际收益曲线在平均收益曲线的左下方。在完全垄断条件下,厂商的产量仍由 MR=MC 的原则决定。

在下图中,MR 交 MC 于 E,E 点决定的产量为 OQ。在完全垄断条件下,产量决定后,垄断厂商可根据需求情况确定价格。EQ 向上延伸,交 dd 于点 G。因此,价格为 QG。因为 OP=OG,所以,此时的垄断价格为 OP。这时,总收益是 OPGQ 的面积,总成本是 ONFQ(F 为 GQ 与 AC 的交点),超额利润是 NPGF 的面积,又称为垄断利润。由于厂商控制市场,其他厂商无法进入该行业,所以厂商的垄断利润可以长久存在。

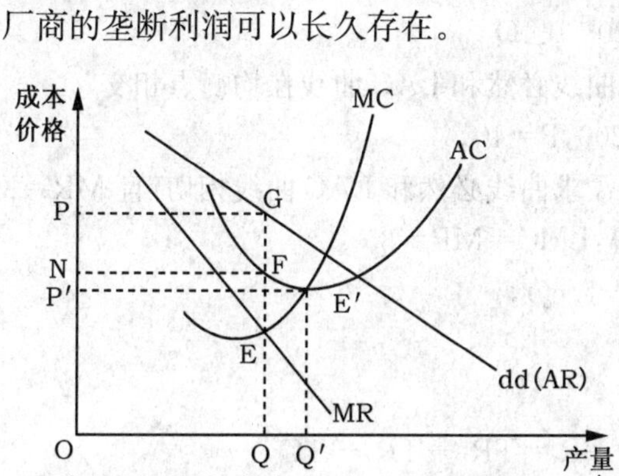

在完全竞争条件下,MR 与 MC 的交点应处于 AC 的最低点 E′。由 E 点决定完全竞争下的产量为 OQ′,价格为 OP′。由上图可得知:在完全竞争市场上,价格比垄断市场低,即 OP′<OP;产量比垄断市场高,即 OQ′>OQ。

从以上分析可以看出,完全竞争厂商的价格位于平均成本的最低点,条件为:价格等于平均成本,等于边际成本,而垄断厂商确定的价格(一般)高于平均成本,并且产量低于平均成本最低点的产量。这意味着厂商增加产量会降低平均成本。一方面,垄断厂商没有利用最低成本的生产技术。同时,完全垄断厂商由于高价格而获取超额利润,也不利于公平分配;另一方面,垄断厂商的边际成本低于社会给予它最后一单位的评价,即边际成本小于市场价格。这意味着增加产量会增加社会福利。因此,西方经济学认为,垄断市场与完全竞争市场相比是缺乏效率的。因此,各国政府都对垄断行为采取一定的限制。

3.答:完全竞争与完全垄断的均衡产量和均衡价格比较如下图所示,D_1 表示垄断竞争厂商所面临的需求曲线,D_2 表示完全竞争厂商所面临的需求曲线,由于 D_1 向下倾斜,所以长期均衡下,相切于 LAC 曲线最低点 B 的左侧,根据 AR=MC 在垄断竞争条件下的长期均衡产量为 Q_1,价格为 P_1,而在完全竞争条件下,需求曲线必相切于 LAC 曲线的最低点 B,此时产量为 Q_2,价格为 P_2。通过下图我们不难看出 $Q_2>Q_1$,但 $P_2<P_1$,显然,在垄断竞争中,较少的产量却面临较高的成本,存在着生产资源的浪费,资源配置未达到最佳状态。另外,从 SAC 曲线来看,其成本也没有达到 SAC 的最低点,意味着企业没有充分利用现有的生产设备。从长期来看,垄断竞争厂商没有更多地使用社会资源以扩大规模,从而将成本降低到 LAC 曲线的最低点。此外,从消费者剩余来看,完全竞争市场上的消费者剩余要大于垄断竞争市场上的消费者剩余。在垄断竞争市场上存在着社会福利损失。

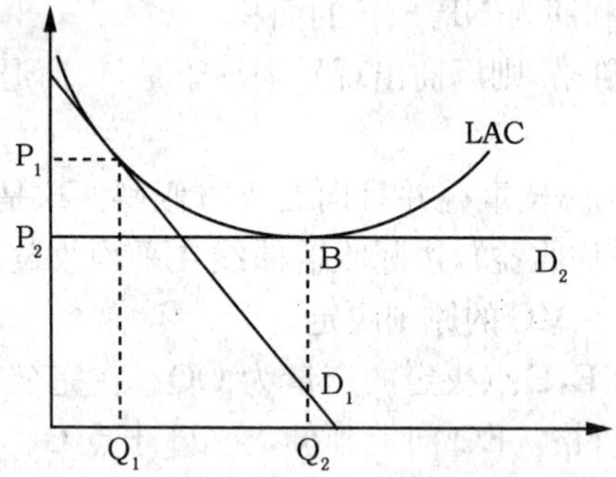

四、计算题

1.解:(1)由 LTC 可得:$LAC=0.001Q^2-0.425Q+85$

由需求曲线得:$P=120-0.4Q$

长期均衡是实际需求曲线必然和 LAC 曲线在均衡点相交。

令 P=LAC,得:Q=200,P=40。

(2)长期均衡时,主观需求曲线必然和 LAC 曲线相切,且 MR=MC

当 Q=200 时,可求得:LMC=MR=35

运用公式 $MR=P(1-1/e_d)$,

解得:$e_d=8$

2. 解:厂商的利润:

$$R=TR_1+TR_2-TC$$
$$=Q_1P_1+Q_2P_2-(Q_1)^2-Q_1Q_2-(Q_2)^2$$

由

$$Q_1=40-2P_1+P_2$$
$$Q_2=15+P_1-P_2$$

得:

$$P_1=55-Q_1-Q_2 \qquad (1)$$
$$P_2=70-Q_1-2Q_2 \qquad (2)$$

代入 R 整理得：

$$R=55Q_1-2(Q_1)^2-3(Q_2)^2-3Q_1Q_2+70Q_2 \quad (3)$$

要使利润最大化，必有

$$\frac{\partial R}{\partial Q1}=\frac{\partial R}{\partial Q2}=0$$

即

$$\begin{cases}\dfrac{\partial R}{\partial Q1}=55-4Q1-3Q2=0\\ \dfrac{\partial R}{\partial Q2}=70-6Q2-3Q1=0\end{cases}$$

解得：$Q_1=8$，$Q_2=7.67$。

代入(1)、(2)得：$P_1=39.33$，$P_2=46.66$。

代入(3)得：$R=488.4$。

3.解：(1)因为成本函数中有常数项，说明固定成本不可变，所以是短期生产。

(2)利润 $R=PQ-C$

$P=(72-Q)/2$

$R=36Q-Q^2/2-Q^2/10-40=36Q-3Q^2/5-40$

$\frac{dP}{dQ}=36-6Q/5=0$

得：$Q=30$，代入 P 得：$P=21$

因此，$R=500$。

(3)不能，$Q=-2P+72$ 中的 Q 是全部市场上的总需求量，而 $C=Q^2/10+40$ 中的 Q 是一家厂商的供给量，两者在完全竞争条件下含义不同。

(4)因为 $MC=P$，$Q/5=10$，所以洗衣量为：$Q=50$

利润为：$PQ-C=500-250-40=210$

由于存在超额利润，市场会有新的竞争者加入，市场价格会降低。

(5)完全垄断市场与完全竞争市场的区别：第一，完全垄断市场上只有一个厂商，它提供整个行业的产销量；完全竞争市场的厂商有任意个，只要愿意，任何厂商皆可进入。第二，完全垄断市场的产品不能替代，在完全垄断市场上，不存在产品相近的替代品的竞争，其需求的交叉弹性为零，厂商不受任何竞争性威胁；完全竞争市场的产品具有同质性，无差异。第三，完全垄断市场的厂商独自决定价格，厂商是价格的制定者，可以利用各种手段决定价格，以达到垄断的目的；完全竞争市场的厂商只是价格的接受者，其商品的市场价格是由众多买者所形成的需求与众多个卖者所形成的供给决定的，而单个厂商或单个消费者只能接受现行价格。

第八章　要素价格的决定

【基础知识练习】

一、选择题

1.B。在厂商面临完全竞争的产品市场时，$VMP=MPPL\cdot P$。参考完全竞争要素需求的定义。

2.C。MRP是指边际收益产品或边际收益产量，MRP＝MPP·MR。

3.D。参考要素需求的含义。

4.A。要素的边际生产力递减使得企业的边际产品价值和边际收益产品都随着要素数量的增加而递减，所以，要素的需求曲线也递减。

5.A。要素的边际生产力递减使得企业的边际产品价值和边际收益产品都随着要素数量的增加而递减。

6.B。这是由于完全竞争厂商的需求弹性比不完全竞争厂商的需求弹性大。

7.A。每个厂商要素使用量都增加时，产量增加，因而产品价格会下降。

8.B。根据P＝MP·MR计算。

9.C。对于垄断购买者，MFC＞P。

10.C。对于要素市场的垄断，劳动的边际产值大于工资率。

11.C。同选择题5。

12.B。根据P＝MP·MR计算。

13.C。

14.C。洛伦茨曲线是用来反映社会收入分配平均程度的曲线。

15.B。参考洛伦茨曲线的图示表达。

16.B。参考基尼系数的定义。

17.D。同上。

18.D。边际收益产出是指增加一单位要素使用量所增加的总收益。

19.C。劳动力派生需求取决于劳动力生产的最终商品的消费者需求。

20.A。

21.C。企业追求利润最大化，总收益的增加程度大于总成本的增加程度，即边际收益大于零时会增加雇员。

22.B。在完全竞争市场中，劳动力需求曲线因边际生产率递减而向下倾斜。

23.C。参考边际要素成本概念。

24.B。参考准租金的定义。

25.A。人口因素的劳动供给的影响属于外生变量。

二、判断题

1.错误。在完全竞争市场中，VMP＝MPP·P。

2.正确。参考引致需求概念。

3.错误。要素需求曲线与边际产品价值曲线重合。

4.正确。

5.正确。

6.错误。劳动的供给曲线有一段向后弯曲的部分，工资上涨对劳动供给的吸引力是有限的。

7.错误。土地的供给曲线是垂直的。

8.正确。

9.错误。土地的供给曲线垂直于横轴是因为土地供给量与土地价格高低无关；

10.正确。

三、简答题

1.答:厂商组织生产的一般原则是利润最大化,在生产要素市场上,厂商使用生产要素的一般原则是:使用要素的"边际成本"即要素价格,与使用要素的"边际收益"即边际产品价值相等,可以用公式表示为:VMP=W(或 MP·P=W)。

当上式被满足时,完全竞争厂商实现了利润最大化,此时使用的要素数量为最优要素数量。因为,如果 VMP≠W,如 VMP>W,厂商使用一单位要素所增加的收益大于所引起的成本,厂商会增加对要素的使用量以获得更多的利润。随着要素使用量的增加,要素的边际产品价值将下降,并最终使 VMP=W。相反,如果 VMP<W,厂商使用一单位要素所增加的收益小于所引起的成本,厂商会减少对要素的使用量以减少利润的损失。随着要素使用量的减少,要素的边际产品价值将上升,并最终使 VMP=W。只有当 VMP=W 时,厂商既不会增加要素的使用量,也不会减少要素的使用量,此时,厂商获得最大利润。

2.答:(1)产品市场理论与要素市场理论的不同点。

第一,产品市场上的需求曲线来自消费者的效用函数,因而决定需求规律的因素是有关消费者行为的假设,如在基数效用中的边际效用递减规律和在序数效用中的边际替代率递减规律。由于这些假设多来源于对消费者的心理描述,因而难以得到有力的证明。与此不同,产品的供给曲线来自于厂商的边际成本,从而来自于厂商的生产规律,即边际收益递减规律。作为技术规律,有关生产函数的假设比较容易证明。第二,要素的需求来源于厂商,而厂商使用生产要素的目的是为了获得最大利润,但厂商获得最大利润的前提是消费者的需求,因而要素需求是引致需求。产品市场上的需求是消费者的直接需求,消费者对产品需求的大小,部分地决定了生产该产品的厂商对生产要素的需求。同时,不同于产品的供给,要素的供给取决于要素所有者的效用,而产品的供给则主要由生产者的技术特点所决定。

(2)产品市场理论与要素市场理论的相同点。

第一,在两种市场上,核心问题是价格决定,而价格决定是通过供求均衡来实现的。在产品市场上,消费者的需求和厂商的供给相互作用,决定产品的价格;要素市场上,厂商的需求和要素所有者的供给决定生产要素的价格。在两种市场上,供给和需求发生变化,都将导致均衡价格的变动,供求定理发挥着同样的作用。第二,在两种市场上,对经济当事人的分析是一致的。在产品市场上,消费者为了获得最大效用,合理配置对收入的支出,用于购买即定价格的产品;而消费者的收入则来自于要素市场上要素所有者对生产要素的供给。同样,在供给生产要素数量时,要素所有者遵循的原则仍然是效用最大化。厂商是产品市场的供给者,为了实现利润最大化,在既定的价格下选择供给产品的数量。同样,厂商也是要素市场上的利润最大化者,按此原则,厂商选择使用生产要素的数量。

3.答:第一,厂商在使用要素时同样遵循利润最大化原则,即要求使用要素的"边际成本"和"边际收益"相等。第二,在完全竞争条件下,使用要素的边际收益等于"边际产品价值"(要素的边际产品和产品价格的乘积),而使用要素的边际成本等于"要素价格"。于是,完全竞争厂商使用要素的原则是:边际产品价值等于要素价格。

4.答:第一,劳动供给是闲暇需求的反面;劳动的价格即工资则是闲暇的价格。于是,劳动供给量随工资变化的关系即劳动供给曲线可以用闲暇需求量随闲暇价格变化的关系即闲暇需求曲线来说明:解释劳动供给曲线向后弯曲(劳动供给量随工资上升而下降)等于解释闲暇需求曲线向前上斜(闲暇需求量随闲暇价格上升而上升)。第二,闲暇价格变化造成闲暇需求量变化有两个原因,即替代效应和收入效应。由于替代效应,闲暇需求量与闲暇价格变化方向相反。由于收入效应，闲暇需求量与闲暇价格变化方向相同。第三，当工资即闲暇价格较低时，闲暇价格变化的收入效应较小，而当工资即闲暇价格较高时，闲暇价格变化的收入效应就较大，甚至可能超过替代效应。如果收入效应超过了替代效应，则结果就是：闲暇需求量随闲暇价格上升而上升，即劳动供给量随工资上升而下降。

5.答：第一，土地供给曲线垂直并非因为自然赋予的土地数量为（或假定为）固定不变。第二，土地供给曲线垂直是因为假定土地只有一种用途即生产性用途，而没有自用用途。第三，任意一种资源，如果只能（或假定只能）用于某种用途，而无其他用处，则该资源对该种用途的供给曲线就一定垂直。

四、计算题

1.解：已知工资 W=5。

根据生产函数及产品价格 P=0.10，可求得劳动的边际产品价值如下（其中，MPL 表示劳动的边际产品）：

$VMPL=P\times MPL=P\times dQ/dL$

$=0.10\times(-0.01L^3+L^2+38L)'$

$=0.10\times(-0.03L^2+2L+38)$

完全竞争厂商的利润最大化要求边际产品价值等于工资，即

$0.10\times(-0.03L^2+2L+38)=5$

或：$0.03L^2-2L+12=0$

解得：$L_1=20/3$，$L_2=60$。

当 $L_1=20/3$ 时，利润为最小（因为 $dMPL/dL=1.6>0$），故略去。

当 $L_2=60$ 时，利润为最大（$dMPL/dL=-1.6<0$），故厂商每天要雇用 60 小时的劳动。

2.解：(1)均衡时，DL=SL，即 4 000－50W=50W，由此得均衡工资 W=40。

(2)假如政府对工人提供的每单位劳动课以 10 美元的税收，则劳动供给曲线变为 S′L=50(W－10)。

由 S′L=DL，即 50(W－10)=4 000－50W，得 W=45，即征税后的均衡工资。

(3)征税后，厂商购买每单位劳动要支付的工资变为 45 美元，而不是征税前的 40 美元。两者之间的差额 5 美元即是厂商为每单位劳动支付的税收额。工人提供每单位劳动得到 45 美元，但有 10 美元要作为税收交给政府，仅能留下 35 美元。工人实际得到的单位工资与征税前相比也少了 5 美元。这 5 美元就是他们提供单位劳动而实际支付的税款。因此，在此例中，厂商和工人恰好平均承担了政府征收的 10 美元税款。

(4)征税后的均衡劳动雇用量为：50(W－10)=50×(45－10)=1 750

政府征收到的税收总额：10×1 750=17 500（美元）

3.解：准租金 Rq 由下式决定：

$Rq=TR-TVC=P\cdot Q-AVC\cdot Q=(P-AVC)Q$

$=(15-8)\times200=1\,400$（元）

经济利润 π 由下式决定：

$\pi=TR-TC$

$=TR-(TVC+TFC)=P\cdot Q-(AVC+AFC)Q$

$=(P-AVC-AFC)Q=(15-8-5)\times200=400$（元）

【自我提高测试】

一、选择题

1.B。生产要素组合改变后,要素 B 增加 1 单位,总产量增加 3 个单位。

2.D。要素市场不同,成本不同。

3.C。非完全竞争市场,生产要素的价格等于边际产量乘以边际收益。

4.B。根据 P=MP·MR 计算。

5.C。根据 P=MP·MR 计算。

6.A。边际收益大于边际成本时雇用工人,边际收益为 10 个洋娃娃,每个 10 美元,共 100 美元。

二、计算题

1.解:由表中假设的数字,可求出该厂商的边际物质产品(MPP)和边际产品价值(MRP)数列,如下表所示。

某厂商的边际物质产品和边际产品价值

劳动日数 L	产量 Q	MPP	P	VMP=P·MPP	W
3	6	—	10	—	20
4	11	5	10	50	20
5	15	4	10	40	20
6	18	3	10	30	20
7	20	2	10	20	20
8	21	1	10	10	20

对于追求最大利润的完全竞争厂商来说,只有当 VMP=W 时,才能达到均衡,厂商获得最大利润。因此,厂商应雇用 7 个劳动日,此时,VMP=W=20。

2.解:由题中假设可知,$Q=-0.01L^3+L^2+36L$,P=0.1,W=4.8。

(1)当厂商利润最大时,$W=VMP_L=P\cdot MP_L=P\cdot\frac{dQ}{dL}$,即:

$$4.8=0.1\times(-0.03L^2+2L+36)$$

解得:L=60,即厂商每天将投入 60 小时劳动。(当 L=20/3 时,dMP/dL=1.67,即处于边际产量递增阶段,厂商未达到最大利润,故舍去。)

(2)利润 $\pi=TR-TC=PQ-(TFC+TVC)=PQ-(50+W\cdot L)$

$$=0.1\times(-0.01\times60^3+60^2+36\times60)-(50+4.8\times60)$$

解得:$\pi=22$(美元),即厂商每日获得的纯利润为 22 美元。

3.解:根据题设,$D_L=6\ 000-10W$,$S_L=100W$

(1)均衡时,$D_L=S_L$,即 6 000−10W =100W,解得 W=30(美元)。

(2)若政府对工人提供的每单位劳动课以 10 美元的税收,则劳动供给曲线变为:$S_L'=100(W'-10)$。

由 $S_L'=D_L$,$100(W'-10)=6\ 000-100W'$,解得:W′=35(美元)。

(3)税后,厂商购买每单位劳动的价格变为 35 美元,比征税前的 30 美元多付出了 5 美元;

而工人征税前每单位劳动获得的报酬是30美元，征税后变成25(35－10)美元，减少了5美元。因此，征收的10美元税收实际上是由厂商和工人共同承担的，各承担了5美元。

(4)税后的均衡劳动雇用量为：$Q_L=100(W'-10)=100\times(35-10)=2\ 500$

此时，政府的总税收额为$10\times2\ 500=25\ 000$(美元)。

4.解：由题设P＝10，Q＝100，AVC＝5，AFC＝4，得：

准租金 $R_q=TR-TVC=P\cdot Q-AVC\cdot Q=(10-5)\times100=500$(元)

经济利润 $\pi=TR-TC=P\cdot Q-(AVC+AFC)\cdot Q$

$=(10-5-4)\times100=100$(元)

由此可见，两者是不相等的。

三、分析说明题

1.答：土地价格一般由两部分组成：一部分是由土地本身的经济关系引出的价格，即土地资本化的价格(或土地资源价格)；另一部分是在土地开发过程中，投入的劳动形成的价值决定的价格，即土地资产或土地资本。土地本身的价格是地租的资本化，是土地所有权在经济上实现的形式。这两部分价格之和，便构成现实的土地价格。

租金是支付给一种只有单一用途的生产要素的报酬。当土地只有一种用途时，其供应就完全缺乏弹性。对土地的需求价格不论上升或下降都不会使土地供给增加或减少。由此可见，是房屋的价格导致土地价格的上涨，而不是土地价格的上涨导致房屋价格的上涨。该结论只适用于土地完全缺乏弹性的情况，如果土地还有别的用途，别的用途的需求也会把土地的租金提高，从而使建造房屋必须支付更高的费用，从而对房屋价格的上涨起到推动作用。

2.答：(1)如果商品X的市场供给(Sx)增加，按局部均衡分析，则其价格Px下降，需求量Qx增加。由于在实际生活中，各种部门、各种市场是相互依存、相互制约的，X商品市场的变化会对经济的其余部分产生影响，这种影响越大，就越不适应局部均衡分析。因此，需要一般均衡分析来考虑X商品市场的变化与其他经济部门的相互影响。由于商品X的价格Px下降，人们会提高对其互补品的需求。这样，互补品的数量将上升，而替代品的价格和数量将下降。(2)在商品市场上，上述变化也会影响到生产要素市场。因为它导致了生产X商品及其互补品的生产要素的需求增加，因此又引起生产商品X替代品的生产要素的价格和数量下降。这些变化因替代生产要素价格的相对变化而削弱。(3)由于(2)中所述的变化，不同生产要素所有者所获取的收入也发生变化。商品X及其互补品的投入要素的所有者因对要素需求增加，其收入便随着要素价格的上升而获得增加。商品X的替代品的投入要素的所有者因对其需求减少，其收入便随着要素价格的下降而减少。这些变化转而又或多或少地影响包括商品X在内的所有最终商品的需求。这样，所有要素的派生需求都受影响。这一过程一直持续到所有商品市场和生产要素市场又同时重新稳定。整个经济又一次进入全面均衡状态。

3.答：第一，根据要素供给原则：$\frac{dU/dl}{dU/dY}=W$，给定一个要素价格W，可以得到一个最优的自用资源数量l。第二，在资源总量既定的条件下，给定一个最优的自用资源数量l，又可以得到一个最优的要素供给量L。第三，要素价格W与要素供给量L的关系即代表了要素的供给曲线。

第九章　一般均衡和福利经济学

【基础知识练习】

一、选择题

1.D。本题考察的是一般均衡分析及局部均衡分析的区别。

2.B。本题考察的是常识概念。

3.C。本题考察的是一般均衡实现满足的交换条件。

4.C。本题考察的是一般均衡实现满足的生产条件。

5.A。本题考察的是一般均衡实现满足的生产和交换条件。

6.B。本题考察的是局部均衡分析的作用。

7.D。本题考察的是一般均衡论的假设条件。

8.B。本题考察的是帕累托改进的原则。

9.D。本题考察的是帕累托状态的简单运用。

10.D。本题考察的是帕累托状态满足的条件。

11.B。本题考察的是生产可能性曲线的概念。

12.C。本题考察的是外部效应的分析。

13.C。本题考察的是生产契约曲线的概念。

14.D。本题考察的是转换曲线的概念。

15.B。本题考察的是社会生产的可能性边界。

16.D。本题考察的福利经济学贫困救济的概念。

17.D。本题考察的是福利经济学的简单运用。

18.B。本题考察的是福利经济学周期性失业的原因。

19.C。本题考察的是福利经济学消费者效用最大化的运用。

20.A。本题考察的是福利经济学政府行为的分析运用。

二、判断题

1.错误。局部均衡分析是指在单一、孤立的市场中分析经济主体的经济行为，而一般均衡分析要将所有相互联系的各个市场看成一个整体来研究。

2.错误。要注意明确瓦尔拉斯一般均衡的内涵、瓦尔拉斯模型的证明、瓦尔拉斯均衡的实现机制以及模型的评价。

3.正确。应正确区分局部均衡与一般均衡这两个概念。

4.错误。应该正确掌握一般均衡的分析方法。

5.正确。应同时掌握对一般均衡状态的理解。

6.错误。应同时了解一般均衡理论的发展和现状。

7.错误。契约曲线是无差异曲线之间切点的轨迹，其上任何一点都是交换的均衡点，它代表了帕累托最优状态。在契约曲线上任一点都不可能再发生资源交换行为，但如果交换过程不是完全竞争的，那么很可能契约曲线并不在契约上达到。因此，契约曲线上的点并不代表所有可能出现的交换契约。

8.错误。生产的帕累托最优条件就是要求任何两种生产要素对于任何两种同时使用这两种生产要素生产的使用者来说其边际技术替代率相等。如果两个厂商在两种生产要素之间具有不同的边际技术替代率,那么它们之间通过要素交换可以使每个厂商生产出更多的产品,而无须改变要素投入总量,从而实现帕累托改进。与两个厂商的不同的产品是没有关系的。

9.错误。契约曲线是无差异曲线之间切点的轨迹,其上任何一点都是交换的均衡点,是帕累托最适度契约。因此,契约曲线显示了所有不可能进行互利贸易的配置点。

10.错误。在长期均衡中完全竞争的确达到了帕累托最优状态,因为完全竞争的市场结构在长期能满足帕累托最优的三个条件。但是,完全竞争的长期均衡对帕累托最优来说并非是必要的,因为在计划经济中,满足所有帕累托最优条件是可能的;同时,虽然完全竞争对于帕累托最优是充分的,但它对福利极大化并不充分,因为均衡状态有可能在收入分配方面很不公平,而福利最大化必须兼顾生产效率和收入分配两个方面。

三、分析说明题

1.答:一般均衡论的证明要依赖于一些极为严峻的假设条件才能成立,比如完全竞争市场假设、回避规模收益递增假设和拍卖人的假设,一般均衡论必须建立在这些条件的基础上,才能保证均衡价格的存在。然而,这些假设条件在现实经济生活中根本就不存在。因此,一般均衡论严重地脱离了现实,关于这一点,西方学者也承认,一般均衡论好像是一座富丽堂皇的宫殿,它能满足人们的幻想,却不能有助于具体问题的解决。

2.答:之所以将 $MRT_{XY}=MRS_{XY}$ 作为交换与生产一般均衡的条件,是由于只有符合这一条件,才能即使生产满足消费者的需求,又使资源大到有效配置。如果 MRT_{XY} 不等于 MRS^A_{XY}、MRS^B_{XY},比如 MRT=1,MRS=2,表明消费者愿意放弃 2 单位的 Y 商品的生产,说明重新配置资源以增加 X 商品的生产是必要的。只要 MRT 不等于 MRS,重新配置资源都会使消费者受益。也就是说,只有当边际转换率和边际替代率相等时,资源才达到有效配置。

3.答:(1)如果商品 A 的市场供给减少,根据局部均衡的分析,其价格 P 上升和供应量 Q 减少。根据一般均衡的分析,由于 A 商品的价格上升,人们会增加对其替代品的需求,从而使替代品的价格上升、需求量上升;同时,人们会减少 A 商品互补品的需求,从而,互补品的价格和需求量都下降。

(2)商品市场的上述变化当然也会影响到生产要素市场,显然,由于 A 商品价格上升,人们减少了对 A 商品的需求,同时也减少了其互补产品的需求。因此,生产 A 商品及其互补品的生产要素的需求降低,导致生产 A 商品及其互补品的生产要素的价格和数量下降。同时,又导致 A 商品的替代品的需求上升,从而引起生产 A 商品的替代品的生产要素的需求上升,生产 A 商品的替代品的生产要素的价格上升,数量增加。

4.答:假设一开始两种要素之间的边际技术替代率不相等,根据有关分析,对于这两个厂商来说,他们可以在不改变要素投入总量的情况下,通过他们之间的要素交换就可以使每个厂商生产出更多的产品,而这种情况正是帕累托改进的一种情况。因此,如果一开始两个厂商的两种投入要素之间的边际技术替代率不相等,它们是不可能达到帕累托最优状态的。此外,上面的分析与这两个厂商所生产的产品相同与否无关。因此。即使两个厂商生产的产品不同,要达到帕累托最优状态,必须使任何使用这两种生产要素的两个厂商的这两种生产要素的边际技术替代率相等。

5.答:一般来说,总是假定消费者追求效用的极大化,而厂商追求利润的最大化。这样,通过一系列的数学证明可以说明在完全竞争条件下,能够实现帕累托最优状态的三个条件。

(1)在完全竞争状态下,每种商品的价格对于所有消费者来说都是相同的。那么,消费者为了追求效用最大化，就一定会使其消费的任何两种商品之间的边际替代率相等，同时，每一个消费者所购买的任何两种商品的数量必使其边际替代率等于消费品市场上这两种商品的价格之比。因此，就所有的消费者来说，任何两种商品之间的边际替代率相等。

(2)在完全竞争状态下，每种生产要素的价格对于所有生产者来说都是相同的。那么，生产者要达到利润最大化，就一定会使使用的任何两种生产要素的边际技术替代率相等，同时每一个厂商所使用的任何两种生产要素的数量必使其边际替代率等于生产要素市场上这两种生产要素的价格之比。因此，就所有生产要素来说，任何两种生产要素之间的边际技术替代率相等。

(3)在完全竞争状态下，任何两种产品生产的边际转换率为这两种商品的边际成本之比。同时，每一个消费者对于任何两种商品的边际替代率等于其价格执笔，又由于任何商品的价格等于其边际成本，因此，对于任何两种产品来说，其生产的边际转换率一定等于任何消费者对这两种商品的边际替代率。

由此可见，完全竞争完全可以达到帕累托最优状态所要求的三个条件，因此，完全竞争可以达到帕累托最优。

6.答：一般均衡论是瓦尔拉斯于 1874 年出版的《纯粹政治经济学纲要》一文中首次提出的。瓦尔拉斯证明出如果给定消费者效用函数、要素供给函数以及生产函数，就可以确定所有商品市场和要素市场达到一般均衡，即所有商品与要素的均衡价格和均衡产量都可以确定下来。到一般均衡的条件就是达到生产者利润最大化和消费者效用最大化，同时所有商品和要素市场上的供给和需求相等。瓦尔拉斯的一般均衡模型一共考虑了 4 个方程组：商品需求方程、要素需求方程、厂商供给方程和要素供给方程。尽管瓦尔拉斯计算方程数目和变量数目的方法是相当不能令人满意的，但它在很长时间里被人们所接受，无人提出疑问。这种情况直到 20 世纪二三十年代之后才有所改变。后来的西方经济学家用集合论、拓扑学等数学方法证明，一般均衡体系只有在极其严峻的假设条件下才可能存在均衡解。这些假定条件有：任何厂商都不存在规模报酬递增；每一种产品的生产必须使用一种原始生产要素；任何消费者所提供的原始生产要素都不得大于它的初始存量；每个消费者都可以提供所有的原始生产要素；每个消费者的序数效用函数都是连续的；消费者的欲望是无限的；无差异曲线凸向原点；等等。总之，在一定的假定条件全部得到满足时，一般均衡体系就有均衡解存在。此外，均衡可以处于稳定的状态，以及均衡同时是满足帕累托最优条件的。

7.答：福利经济学是微观经济学论证的“看不见的手”远离的最后一个环节，其目的在于说明：完全竞争模型可以导致帕累托状态，而这一状态对整个社会来说又是资源配置的最优状态。福利经济学属于规范经济学的范畴，它从微观经济学主体的行为及其相互联系的角度出发，从生产资源有效率的配置和国民收入在社会成员之间的分配这两个方面来研究一个国家实现最大社会经济福利所需具备的条件和国家为了增进社会福利应有的政策措施。

8.答：交换的一般均衡条件是消费者的各自商品组合选择达到这样一种状态：如果再做任何一种改变都不可能使任何一个人的境况变好或者不使另一个人的境况变坏。用数学语言说就是，在埃奇沃斯盒装图中，消费者 A 的无差异曲线与消费者 B 的无差异曲线正好相切，因而这两条无差异曲线的边际替代率正好相等，即 $MRS_{XY}^{A}=MRS_{XY}^{B}$。生产的一般均衡条件是任意两种生产要素的边际技术替代率对于使用这两种要素而生产的商品来说都是相等的。如果离开两条曲线的切点，在任何一条等产量线上移动，都会使某一产品的数量减少。因此，就一种产品来说，保持相同的产出水平也许可以有许多种资源投入组合，但同时会使另一种产品的产出水平达到最高水平的只有一种。两条等产量线的边际技术替代率相等，即 $MRT_{XY}^{A}=MRT_{XY}^{B}$。

【自我提高测试】

一、计算题

1.解：因为生产的契约曲线上的点必须满足 $MRTS_{LK}^{X}=MRTS_{LK}^{Y}$，又已知

$$MRTS_{LK}^{X}=-\left(\frac{dK}{dL}\right)_X=-\frac{2}{3}\left(\frac{K}{L}\right)_X=-\frac{2}{3}\cdot\frac{K_X}{L_X}$$

$$MRTSY_{LK}^{Y}=-\left(\frac{dK}{dL}\right)_Y=-\left(\frac{K}{L}\right)_Y=-\frac{K_Y}{L_Y}$$

所以 $$\frac{2}{3}\cdot\frac{K_X}{L_X}=\frac{K_Y}{L_Y} \tag{9.1}$$

在该社会的资源充分利用的情况下：

$$\begin{cases}L_X=100-L_Y\\K_X=200-K_Y\end{cases}\Rightarrow\begin{cases}L_X+L_Y=100\\K_X+K_Y=200\end{cases} \tag{9.2}$$

将式(9.2)代入式(9.1)，得：

$$\frac{2(200-K_Y)}{3(100-L_Y)}=\frac{K_Y}{L_Y}$$

这就是生产契约曲线。由此可知，当 $K_Y=100$、$L_Y=50$ 时并不满足上式，即要素分配的公平点不在契约曲线上，故可知此契约曲线必在埃奇沃斯盒中的对角线的同侧，因为 X 和 Y 两种商品的生产皆为规模报酬不变。

2.解：(1)该厂商的利润函数：$\pi=PQ-WL$，将 $Q=2L$、$P=100-5Q$、$W=32+L$ 代入利润方程得：

$$\pi=(100-5\times2L)\times2L-(32+L)\times L=-21L^2+168L$$

利润对 L 对一阶导数，得：

$$\frac{d\pi}{dL}=-42L+168$$

根据利润最大化条件，一阶导数为 0，所以：

$$\frac{d\pi}{dL}=-42L+168=0$$

解得：$L=4$

利润对 L 的二阶导数为：

$$\frac{d^2\pi}{dL^2}=-42<0$$

所以 $L=4$ 为利润最大化解。

将 $L=4$ 代入生产函数可得：

$$Q=2L=2\times4=8$$

将 $L=4$ 代入生产要素供给函数可得：

$$W=32+L=36$$

将 $Q=8$ 代入产品的需求函数，可得：

$$P=100-5Q=100-5\times8=60$$

因此，当该生产者达到利润最大化时，产品的价格、生产的产量、投入要素的需求量和投入要素的价格分别为：60、8、4 和 36。

(2)假如该生产者也满足帕累托最优条件，那么该厂商的总成本为：

$$TC=WL=W\times\frac{1}{2}Q=\frac{1}{2}WQ$$

边际成本 MC 为：

$$MC=\frac{dTC}{dQ}=\frac{1}{2}W=\frac{1}{2}\times(32+\frac{1}{2}Q)=16+0.25Q$$

由于在帕累托状态下，MC=P(注意：满足帕累托状态的市场一般有两个，即完全竞争市场和绝对计划市场。后者在本题中不成立，所以只剩下完全竞争市场。在完全竞争条件下均衡时，$P=MC=MR=P(-1/E_d)$，在完全竞争时，需求曲线水平 E_d 为无穷大，P=MC，所以：

$$16+0.25Q=100-5Q$$

解得：Q=13.44

将=13.44 代入 Q=2L，可得：L=6.72

将 L=6.72 代入 W=32+L，可得：W=38.72

将 Q=13.44 代入 P=100−5Q，可得：P=32.8

因此，加入该生产者满足帕累托最优状态，则产品的价格、生产的产量、投入要素的需求量和投入要素的价格分别是 32.8、13.44、6.72 和 38.72。

3.解：图略。

(1)当 $U_A=100$，$U_B=0$ 时，W=100；

(2)当 $U_A=U_B=33.33$ 时，W=33.33，有最大值；

(3)当 $U_B=25$，$U_A=50$ 时，有最大解为 35。

4.解：(1)由生产函数 G=(X,Y)=0(即 X/2−Y=0)可求得两种产品的边际技术替代率：

$$MRT=\frac{\frac{\partial G}{\partial X}}{\frac{\partial G}{\partial Y}}=1/2$$

因此，在帕累托最优配置状态，A、B 的边际替代率也等于 1/2，即

$$\begin{cases} MRS_{XY}^{A}=\dfrac{\frac{\partial U_A}{\partial X_A}}{\frac{\partial U_A}{\partial Y_A}}=\dfrac{2Y_A}{X_A}=\dfrac{1}{2} \\ MRS_{XY}^{B}=\dfrac{\frac{\partial U_B}{\partial X_B}}{\frac{\partial U_B}{\partial Y_B}}=\dfrac{Y_B}{2X_B}=\dfrac{1}{2} \end{cases} \tag{9.3}$$

而 X、Y 的分配可能性条件为：

$$\begin{aligned} &X_A+X_B=X=12+18=30 \\ &Y_A+Y_B=Y \\ &Y=X/2 \end{aligned} \tag{9.4}$$

由式(9.3)和式(9.4)消去 X、Y、Y_A、Y_B，可整理得：

$$X_A+2X_B=20 \tag{9.5}$$

另一方面，把式(9.3)代入效用函数 U_A、U_B 中可消去 Y_A、Y_B，可得：

$$U_A=X_A^3$$
$$U_B=(2X_B)^3 \tag{9.6}$$

由式(9.5)和式(9.6)可得：

$$U_A^{\frac{1}{3}}+U_B^{\frac{1}{3}}=20 \tag{9.7}$$

此即为效用边界的表达式。

(2)在均衡状态下，由于企业利润最大化及消费者效用最大化的条件要求，所以有边际技术替代率及边际替代率均等于价格比 P_X/P_Y 的关系。由式(9.3)可知：

$$P_X/P_Y=1/2$$

因此，企业的利润为：

$$\pi=P_YY-P_XX=P_Y\times X/2-P_XX=X(P_Y/2-P_X)=0$$

因此，分配给 A、B 的利润均为 0。此时 A、B 的预算约束式为：

$$\begin{cases}P_XX_A+P_YY_A=12P_X\\P_XX_B+P_YY_B=18P_X\end{cases}$$

上式加上 $P_X/P_Y=1/2$，即可求出均衡状态下的资源分配：

$X_A=8,Y_A=2,X_B=6,Y_B=6,X=16,Y=8$

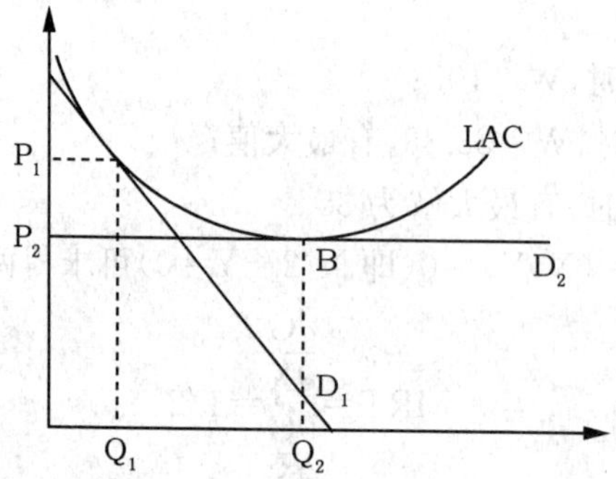

5.解：(1)设配置给消费者 A 的产品为(x,y)，则配置给 B 的产品即为(120－x,120－y)。此时，二者的效用分别为：

$$U_A=xy,U_B=40(240-x-y)$$

将上面两个式子消去 y，可得：

$$40U_A=x(9\ 600-40x-U_B)$$

帕累托最优状态是指一个人在效用水平不变的条件下使另一个人的效用极大化。A 的效用 U_A 极大化(U_B 不变)的条件为：

$$\frac{dU_A}{dx}=0$$

即：$9\ 600-U_B-80x=0$

将上式代入 U_A，得：$UB=9\ 600-80U_A^{\frac{1}{2}}$

这就是该经济系统的效用边界。

(2)帕累托最优状态的社会福利函数为：

$$W(U_A,U_B)=U_A\cdot U_B=u_A(9\ 600-80U_A^{\frac{1}{2}})$$

社会福利极大化的条件为

$$\frac{dW}{dx}=9\ 600-120U_A^{\frac{1}{2}}=0$$

解得当 $U_A=6\ 400$ 时，$W(U_A,U_B)$ 达到最大。

此时，$U_B=3\ 200$，$x=80$，$y=80$

即配置给消费者 A 的产品为(80,80)，消费者 B 的产品为(40,40)。

二、分析说明题

1.答：局部均衡分析通常假定某一产品的需求和供给只取决于自身的价格，不考虑其他市场的影响，因而这种方法隔绝了各类市场之间的联系。一般均衡分析方法通常认为各种市场之间存在着不可轻视的联系，一种产品的价格变动会影响到其他产品的价格变动；反过来，它们又影响该产品的价格。案例中实际上是一般均衡分析的应用。

在自由竞争的市场上，价格随供求关系变动而灵活、及时地变动。价格反映了资源稀缺的程度。当某一种资源短缺、供给小于需求时，价格必定上升。价格上升，增加了供给，减少了需求，最终使供求平衡；反之，当某种资源过剩，供给大于需求时，价格必定下降。价格下降，减少了供给，增加了需求，最终使供求平衡。因此，只要让价格自由浮动，价格可以准确反映资源的稀缺程度，有效地调节供求。

2.答：收入差距的拉大是中国由计划经济向市场经济转变过程中出现的现象。它改变了过去"干多干少一个样，干好与干坏一个样"的"大锅饭"模式，有利于市场竞争，有利于社会资源的配置，对经济的增长起到了比较好的作用。

改革开放以来，中国的收入差距在不断拉大，但在这个收入差距拉大的过程中，实际上大多数的中国人都得到了好处，中国居民生活水平的整体提高是一个不争的事实。收入差距的拉大不仅出现在中国，在世界各国中也是存在的。从世界历史发展的经验来看，在经济发展的过程中，收入差距有一个先拉大后不断缩小的过程。

由于收入差距拉大会带来种种问题，因此，我们有必要采取各种措施来缩小收入差距。通过适当调节居民收入差距，协调社会经济生活中的公平与效率关系，为中国经济的顺利转型与发展创造一个良好的环境，从而确保中国经济持续、健康、快速增长。

第十章　博弈论初步

【基础知识练习】

一、选择题

1.B。本题考察的是博弈论的概念。

2.B。本题考察的是博弈论的概念。

3.C。本题考察的是占优策略。

4.D。本题考察的是多次重复博弈。

5.A。本题考察的是博弈的基本要素。

6.C。本题考察的是博弈的基本要素。

7.A。本题考察的是囚徒困境。

二、判断题

1.错误。博弈论是用来分析寡头垄断企业行为的理论。

2.错误。在囚徒困境博弈中，占优战略是招供，即不管对方的行为是怎样的，每个囚徒都会采取招供的战略。

3.错误。只要任一博弈方单独改变策略不会增加利益，策略组合就是纳什均衡了。单独改变策略只能得到更小得益的策略组合是严格纳什均衡，是比纳什均衡更强的均衡概念。

4.正确。这是纳什均衡的基本性质之一：奇数性所保证的。

5.错误。虽然纯策略纳什均衡不一定存在，但在我们所分析的博弈中，混合策略纳什均衡总是存在的。这正是纳什定理的根本结论。也许在有些博弈中只有唯一的纯策略纳什均衡，没有严格意义上的混合策略纳什均衡，这时把纯策略理解成特殊的混合策略，混合策略纳什均衡就存在了。

三、分析说明题

1.答：在校园的人行道交叉路口，无须红绿灯。现在两人分别骑车从东西方向和南北方向通过路口。若同时往前冲，必定相撞，各自的支付为(−2,−2)；若同时停下，都不能按时前进，各自的支付为(0,0)；若一人前进一人停下，每人的支付为(2,0)或(0,2)。相应的策略和支付矩阵如下表所示：

		乙	
		前进	停下
甲	前进	−2,−2	2,0
	停下	0,2	0,0

2.答：(1)有两个纳什均衡，即(啤酒，白酒)、(白酒，啤酒)，两个都是纳什均衡而不是占优策略均衡。

(2)显然，(白酒，啤酒)是最佳均衡，此时双方均获得其最大收益。若均衡解为(啤酒，白酒)，则存在帕累托改善的可能。方法是双方沟通，共同做出理性选择，也可由一方向另一方支付报酬。福利由800＋900变为900＋1 000，增量为200。

(3)如将(啤酒，白酒)支付改为(1 000，1 100)，则(啤酒，白酒)就成为占优策略均衡。比如，将(啤酒，白酒)支付改为(800，500)，将(白酒，啤酒)支付改为(900，500)，则该博弈就不存在任何占优策略均衡或纳什均衡。

四、计算题

1.解：(1)用囚徒困境的博弈表示如下表：

		北方航空公司	
		合作	竞争
甲	合作	500 000,500 000	0,900 000
	竞争	900 000,0	60 000,60 000

(2)如果新华航空公司选择竞争，则北方航空公司也会选择竞争(60 000＞0)；若新华航空公司选择合作，北方航空公司仍会选择竞争(900 000＞500 000)。若北方航空公司选择竞争，

新华航空公司也将选择竞争(60 000>0);若北方航空公司选择合作,新华航空公司仍会选择竞争(900 000>0)。由于双方总偏好竞争,故均衡结果为两家公司都选择竞争性策略,每一家公司所获利润均为 600 000 元。

2.答:(1)对于垄断企业 1 来说:

$$\max[400-2(Q_1+Q_2)]Q_1-20Q_1$$

$$\Rightarrow Q_1=\frac{190-Q_2}{2}$$

这是垄断企业 1 的反应函数。

其等利润曲线为:$\pi_1=380Q_1-2Q_1Q_2-2Q_1^2$

对垄断企业 2 来说:

$$\max[400-2(Q_1+Q_2)]Q_2-2Q_2^2$$

$$\Rightarrow Q_2=50-\frac{Q_1}{4}$$

这是垄断企业 2 的反应函数。

其等利润曲线为:$\pi_2=400Q_2-2Q_1Q_2-4Q_2^2$

在达到均衡时,有:

$$Q_1=\frac{190-\left(50-\frac{Q_1}{4}\right)}{2}\Rightarrow\begin{cases}Q_1=80\\Q_2=30\end{cases}$$

均衡时的价格为:$P=400-2\times(80+30)=180$

两个垄断企业的利润分别为:

$$\pi_1=380\times80-2\times80\times30-2\times80^2=12\ 800$$

$$\pi_2=400\times30-2\times80\times30-4\times30^2=3\ 600$$

均衡点可表示为下图:

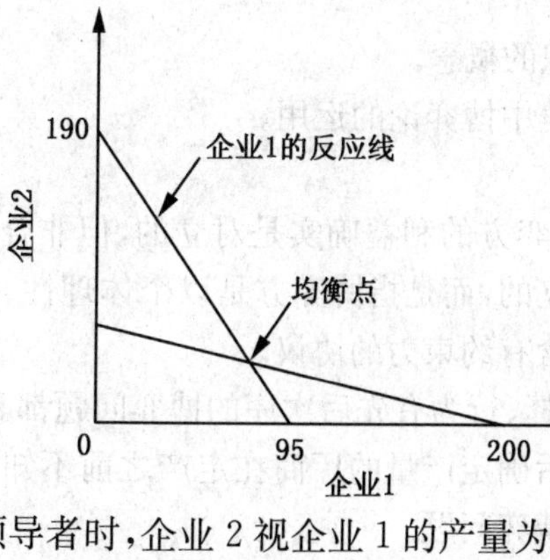

(2)当垄断企业 1 为领导者时,企业 2 视企业 1 的产量为既定,其反应函数为:

$$Q_2=50-Q_1/4$$

则企业 1 的问题可简化为:

$$\max\left[400-2\left(Q_1+50-\frac{Q_1}{4}\right)\right]Q_1-20Q_1$$

$$\Rightarrow\begin{cases}Q_1=280/3\\Q_2=80/3\end{cases}$$

均衡时价格为：P＝160

利润为：$\pi_1=39\ 200/3$，$\pi_2=25\ 600/9$

该均衡可用下图表示：

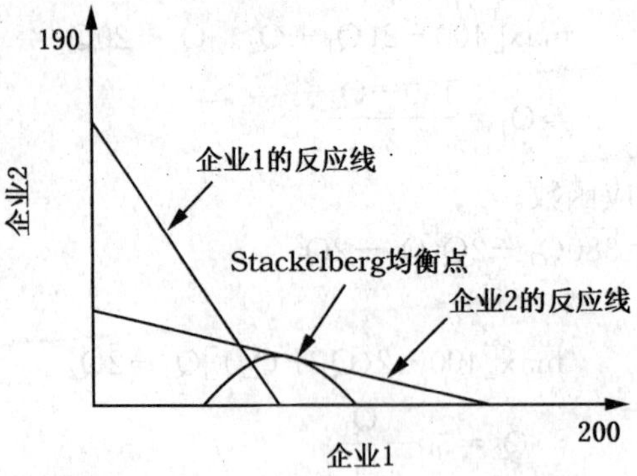

企业 2 领先时可依此类推。

(3)当企业 1 为领先者时，其获得的利润要比在古诺竞争下多，而企业 2 获得的利润较少。这是因为当企业 1 先行动时，其能考虑企业 2 的反应，并以此来制订自己的生产计划，而企业 2 只能被动地接受企业 1 的既定产量，从而计划自己的产出，这是一种"先动优势"。

【自我提高测试】

一、选择题

1.A。本题考察的是博弈参与者的战略选择。

2.C。本题考察的是双寡头博弈的产量决定。

3.D。本题考察的是博弈均衡。

4.C。本题考察的是博弈的战略选择。

5.B。本题考察的是策略式博弈。

6.B。本题考察的是共同知识的概念。

7.D。本题考察的是价格竞争中博弈论的运用。

二、判断题

1.错误。虽然零和博弈中博弈方的利益确实是对立的，但非合作博弈的含义并不是指博弈方之间的关系是竞争性的、对立的，而是指博弈方是以个体理性、个体利益最大化为行为的逻辑和依据，是指博弈中不能包含有约束力的协议。

2.错误。其实并不是所有选择、行为有先后次序的博弈问题都是动态博弈。例如，两个厂商先后确定自己的产量，但只要后确定产量的厂商在定产之前不知道另一个厂商的产量是多少，就是静态博弈问题而非动态博弈问题。

3.错误。合作博弈在博弈论中专门指博弈方之间可以达成和运用有约束力的协议限制行为选择的博弈问题，与博弈方的态度是否合作无关。

4.错误。实际上，动态博弈中先行为的博弈方往往是有先行优势的，因此常常是先行为的博弈方更有利而不是后行为的博弈方有利。

5.错误。多人博弈中的"破坏者"对博弈方的利益是否有影响和影响方向是不确定的。事实上，正是因为这种不确定性才被视为"破坏者"。这种"破坏者"实质上是指对博弈分析造成破坏，而不是对博弈方的利益造成破坏，因而肯定会受到不利影响的是博弈分析者而不是博弈方。

三、分析说明题

1.答：囚徒困境是一种“二人博弈”。在一次性的囚徒困境博弈中，每个博弈者都有一种欺骗的优势策略，即招供。囚徒困境的内在根源是在个体之间存在行为和利益相互制约的博弈结构中，以个体理性和个体选择为其基础的分散决策方式，无法有效地协调各方面的利益，并实现整体、个体利益共同最优。简单地说，囚徒困境问题都是由个体理性与集体理性的矛盾引起的。

从案例的分析来看，定价 1.4 美元成为企业的占优战略，而在现实生活中囚徒困境的例子有很多。例如，厂商之间的价格战、恶性的广告竞争，初等、中等教育中的应试教育，等等，其实都是囚徒困境博弈的表现形式。

对于任何想进入中国市场的跨国公司来说，也面临着类似的“囚徒困境”。假设有两个跨国公司 A 和 B 正在争取同一个项目。在这种情况下，他们在处理与政府公职人员的关系上有两个选择，行贿或者不行贿。如果大家都不行贿，那么获得项目与否要依靠实力来决定，在两者实力相当的情况下，双方获得项目的可能性均为 50%左右。如果大家都行贿，最终的结果可能要综合考察实力的强弱和贿赂的额度而定，如果一方行贿而另一方不行贿，那么在实力相当的情况下肯定是行贿方胜出，最终获得项目。在这种情况下，跨国公司该如何选择呢？显然，它在决定自己行为的时候必须考虑对方的行为选择。通常，跨国公司争取的项目都是利润非常丰厚的项目，行贿所带来的成本与可以获得的收益相比是很小的。因此，获得该项目，最终跨国公司的选择就是行贿，或者说为了获得与对手平等的竞争机会，它也会去行贿。在囚徒困境的激励下，跨国公司纷纷向外国政府公职人员进行违法支付，如朗讯和西门子公司都在中国陷入“贿赂门”事件等。

2.答：(1)由于老板在决定是否克扣工资前可以完全清楚工人是否偷懒，因而这是一个动态博弈，而且是一个完全信息的动态博弈。此外，由于双方都有关于得益的充分信息，因而这是一个完全且完美信息的动态博弈。该博弈用扩展形表示如下：

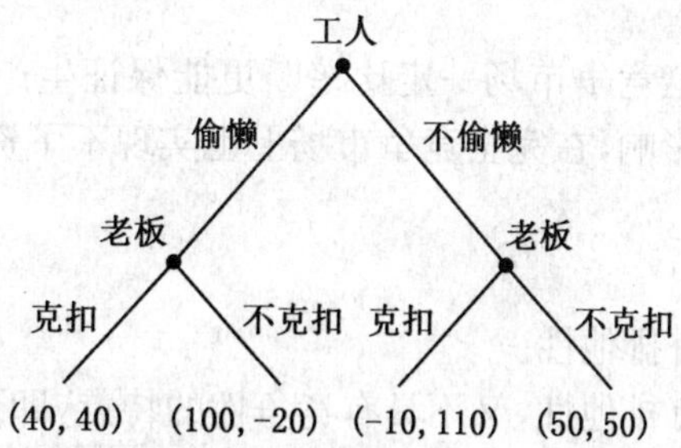

根据上述得益情况可以看出，在该博弈中偷懒对工人总是有利的，克扣对老板也总是有利的，因此，在双方都只考虑自己的利益最大化的情况下，该博弈通常的结果是工人偷懒和老板克扣。

(2)由于老板在决定是否克扣工资之前无法清楚工人是否偷懒，因而该博弈可以看作静态博弈。由于双方仍然都有关于得益的充分信息，因而这是一个完全信息的静态博弈。该博弈用得益矩阵表示如下：

		老板 克扣	老板 不克扣
工人	偷懒	40,40	100,−20
工人	不偷懒	−10,110	50,50

其实根据该得益矩阵,不难得到与上述动态博弈同样的结论,仍然是工人会选择偷懒和老板会选择克扣。这个博弈实际上与囚徒困境是相似的。

第十一章　市场失灵与微观经济政策

【基础知识练习】

一、选择题

1.D。参考市场失灵的定义。

2.D。寻租是指人们凭借政府保护而寻求财富转移的活动。

3.A。参考市场失灵的定义。

4.C。参考外部经济的定义。

5.A。参考外部经济和外部不经济的定义。

6.B。参考生产的外部经济的定义。

7.A。边际收益等于边际成本可实现利润最大化。

8.C。参考科斯定理的概念。

9.D。科斯定理的一个前提是交易成本为零或者很小。

10.C。参考庇古税的定义。

二、判断题

1.正确。

2.错误。从理论上讲完全竞争市场一定比垄断更能保证生产资源的有效利用,但是由于信息不对称外部性等因素的影响,在完全竞争市场上也实现不了资源的有效配置。

3.错误。

4.正确。

5.错误。其特点是不具有排他性。

6.错误。公共产品不具有排他性,又不具有竞争性的特点,即形成公地的悲剧。

7.正确。

8.正确。

9.正确。

10.正确。

三、简答题

1.答:公共物品是指供整个社会全体成员享用的物品,如国防、警务之类。这些公共物品只能由政府以某种形式来提供,这是由其消费的非排它性和非竞争性决定的。

公共物品的使用之所以具有非排他性和非竞争性,是因为公共物品在生产上具有不可分割性,如国防、警务的服务,不可能像面包、衣服那样可分割为许多细小单位,而只能作为一个整体供社会成员使用。当物品像私人物品那样可细分时,消费者就可按一定价格购买自己所需要的一定数量来独自使用,排斥他人分享。在这种情况下,消费者对物品的偏好程度可通过愿意支付的价格来表现,使自己的消费达到最大满足,从而市场价格可对资源配置起支配作用。公共物品由于不能细分,因而人们对公共物品的消费不能由市场价格来决定,价格机制无法将社会对公共物品的供需情况如实反映出来。这样,公共物品就只能由政府根据社会成员的共同需要来提供。如果要人们根据用价格所表现的偏好来生产这些物品,则谁都不愿表露自己的偏好,只希望别人来生产这些物品,自己则坐享其成,这样,公共物品就无法生产出来了。因此,在公共物品生产上,市场是失灵的。

2.答:当市场价格不能真正反映商品的社会边际估价和社会边际成本时,市场机制转移资源的能力不足,从而出现市场失灵。当消费者支付的价格高于或低于生产商品的社会成本时,消费者的估价与社会估价出现偏差,社会资源并不会按社会估价的高低流动,而是按照市场价格流动,这时市场失灵。造成这种偏差的主要原因包括不完全竞争的市场结构、公共物品的存在以及外部经济效果三个方面。

(1)在现实经济中,由于物质技术条件、人为的和法律的因素以及地理位置、稀缺资源等自然因素的存在,垄断普遍存在。在垄断市场上,由于企业的边际收益与平均收益分离,所以价格高于边际成本。社会给予商品的边际评价是消费者支付给商品的价格,而社会生产该商品支付的边际成本为企业的边际成本。这时,尽管消费者之间仍可以实现有效率的交换,但社会并不能用最低的成本向消费者提供最需要的商品组合。不完全竞争的市场不仅不能使用最低成本的生产方式,而且增加生产还会进一步降低社会的福利水平,从而使生产费用没有达到最优。此外,垄断还可能造成其他的社会成本。例如,完全垄断厂商缺乏降低成本和进行技术革新的动力,从而使社会生产既定的产量花费较多的成本;垄断厂商为了获得超额利润而采取寻租行为等。(可以借助于图形加以进一步说明。)

(2)市场失灵的第三个原因是经济社会需要一类被称为公共物品的商品。公共物品具有非排他性和(或)非竞争性。公共物品的非排他性使得通过市场交换获得公共物品的消费权力的机制失灵。对于追求最大利润的私人企业而言,生产者必须能把那些不付钱的人排斥在消费商品之外,否则,他就很难弥补生产力成本。由于非排他性,公共物品一旦被生产出来,每一个消费者可以不支付就获得消费的权力。也就是说,在消费公共物品时,每一个消费者都可以做一个“免费乘车者”,造成公共物品市场供给不足。公共物品的非竞争性使得私人供给的社会成本增加,而社会利益得不到发挥。

(3)外部经济效果或外在性是造成社会估价与社会成本出现差异的另一个重要原因。外在性是指交易双方的经济行为未经交换而强加于其他方的经济影响。例如,大气污染、噪音以及私人绿化现象。从社会的角度来看,施加外部影响的经济当事人的成本不仅包括生产成本,而且包括它强加于他人的成本;同样,它的收益不仅包含它收取的按出卖产品所获得的收入,而且包括它给他人带来的但又无法收取报酬的好处。但是,按照市场的原则,施加外部影响的经济当事人只会考虑它看到的收益和成本。结果,外部经济效果使得社会估价不等于社会成本,并且完全竞争的市场体系也没有提供一种机制让交易双方考虑对其他人所施加的经济效果。

除了上述三个制约市场机制发挥作用导致市场失灵的原因以外,市场结构不合理、信息不完全等其他因素也可能引起市场失灵。

针对市场失灵的原因，可以采取不同的矫正措施。为了消除垄断的影响，政府可以采取反垄断政策。针对不同形式的垄断，政府可以分别或同时采取行业的重新组合和处罚等手段，而这些手段往往是依据反垄断法律来执行的。行业的重新组合的基本思路是把一个垄断的行业重新组合成包含许多厂商的行业，以便通过竞争把商品价格降下来。被重新组合的行业竞争程度越高，市场价格就越接近于竞争性价格。政府采取的手段可以是分解原有的垄断厂商或扫除进入垄断行业的障碍并为新进入的厂商提供优惠条件。对垄断行为进行处罚是为了防止垄断的产生。如果一个行业不存在进入障碍，那么一般说来，垄断厂商不会在长期内获得超额利润。因此，政府利用各种处罚手段加以制止垄断行为尤为重要。制止垄断行为可以借助于行政命令、经济处罚或法律制裁等手段。反垄断法则是上述措施的法律形式。

3.答：微观经济学关于竞争市场模型的一个基本假设是信息完全性，即所有人都知道其他人的经济特征及其各种有关生产消费的信息。显然，这个假定不符合现实。现实生活中的市场都是信息不完全的市场。例如，消费者并不完全清楚要购买的商品质量，生产者也并不完全清楚市场上究竟需要多少本企业产品，也不完全知道可供给它做出最有利选择的所有生产技术和所能使用的最合算的全部生产要素。信息不对称可看成是信息不完全的一种情况，即一些人比另外一些人具有更多的有关经济信息。例如，工人比雇主更清楚自己的生产能力和工作努力程度，厂商比消费者更了解自己产品的质量。需要说明的是，信息不对称不仅是指人们常常限于认识能力不可能知道在任何时候、任何地方发生的或将要发生的任何情况，而且更重要的是指行为主体为充分了解信息所花费的成本实在太大，不允许他们去掌握完全的信息。例如，保险公司就难于充分了解参加保险的自行车主是否会谨慎、小心地保管自己的车子，除非公司要派专人天天跟在每辆投保的自行车后面监视，如果真这样做，代价实在太大了。这样，自行车主的行为对保险公司来说必然是一种不完全的或者说不对称的信息。

【自我提高测试】

一、判断题

1.D。参见市场失灵的原因。

2.D。反托拉斯法是针对垄断的措施。

3.D。参见生产的外部不经济的概念。

4.D。参见消费的外部不经济的概念。

5.B。参见消费的外部不经济的概念。

6.A。参见科斯定理的假设。

7.B。参见科斯定理的含义和假设。

8.C。参见科斯定理。

二、判断题

1.错误。除政府管制外，还存在其他多种方法。

2.错误。公共物品的特性取决于是否具有排他性。

3.错误。科斯定理要求产权明晰，并且交易成本为零。

4.正确。

5.错误。由于公共资源不具有排他性，同时又不具有竞争性。

6.正确。

7.正确。

8.正确。

三、计算题

1.解:(1)由市场需求函数 $Q=1000-10P \Rightarrow$ 反需求函数 $P=100-0.1Q$

则 $TR=PQ=(100-0.1Q)\times Q=100Q-0.1Q^2$

$\Rightarrow MR=100-0.2Q$

由 $C=40Q \Rightarrow MC=40$

已知厂商利润最大化的条件为:$MR=MC$

得:$100-0.2Q=40 \Rightarrow Q=300$

而 $P=100-0.1Q=70$

所以厂商利润最大化时的利润为:

$\pi=TR-TC=30\ 000-9\ 000-12\ 000=9\ 000$

(2)要达到帕累托最优,则 $P=MC$,

即 $P=100-0.1Q=40 \Rightarrow Q=600$

$P=100-0.1Q=100-60=40$

(3)在垄断下,社会福利的纯损失为课本中"垄断和市场失灵的表现"图中的 Δabc 的面积:

$$S=\int_{300}^{600}(100-0.1Q-40)\,dQ=\int_{300}^{600}(60-0.1Q)\,dQ$$

$$=(60Q-0.05Q^2)\Big|_{300}^{600}=20\ 700$$

2.解:在政府没有补贴时,厂商能生产的产量为私人企业利润极大的产量。

令 $MC=MR$,即 $12=2Q-40$,得 $Q=26$。

政府补贴后,厂商的边际收益增加到 16 元。

令 $MR=MC$,即 $2Q-40=16$,得 $Q=28$。

可见,政府补贴后可增产 2 单位。

3.解:(1)牧场净收益最大的养牛数将由 $P=MC$ 给出,

即 $800=10X$,得 $X=80$。

(2)每户牧民分摊的成本是 $(5X^2+2\ 000)\div 5=X^2+400$。

再根据 $P=MC$ 得:养牛数将是 $800=2X \Rightarrow X=400$

从中引起的问题是因放牧过度,牧场数年后一片荒芜,这就是所谓公地的悲剧。

四、分析说明题

答:以旧车市场为例,假定有一批旧车要卖,同时有一批要买这些车的购买者。旧车中有一半是优质车,一半是劣质车,假设优质车主索价 400 元,劣质车主索价 200 元。再假定买主对优质车愿支付 480 元,对劣质车愿支付 240 元,如果信息是完全的,即买主知道哪些车是优质的,哪些车是劣质的,则优质车会在 400 元~480 元之间成交,劣质车会在 200 元~240 元之间成交。但买主事实上无法凭观察判断旧车质量。旧车主会隐瞒劣质车的问题,以次充好,鱼目混珠。买主只知道劣质车所占的比例各半,但不知道每一辆车究竟是优质的还是劣质的。于是,他们的出价至多是:$240\times 0.5+480\times 0.5=360$(元)。然而这样一来,优质车主就不肯卖。市场运转的有效性被破坏了。

参考文献

[1]刘容.新编西方经济学(微观部分)[M].武汉:华中科技大学出版社,2015.

[2]高鸿业.西方经济学(微观部分)(第五版)[M].北京:高等教育出版社,2013.

[3]尹伯成.现代西方经济学习题指南(微观经济学)(第6版)[M].上海:复旦大学出版社,2009.

[4]吴云勇、马会.微观经济学学习指南与练习册[M].北京:清华大学出版社,2013.

[5]刘东.微观经济学学习指导[M].南京:南京大学出版社,2009.

[6]圣才考研网:www.100exam.com.